AF242535

LES RÉVÉLATIONS

D'UN

EX-SECRÉTAIRE DE POLICE.

Extrait du JOURNAL-CONSEIL.

PRIX : 50 cent.

PÉRIGUEUX

IMPRIMERIE J. BOUNET, COURS TOURNY, 15.

1886

LES RÉVÉLATIONS

D'UN

EX-SECRÉTAIRE DE POLICE.

Extrait du JOURNAL-CONSEIL.

PÉRIGUEUX

IMPRIMERIE J. BOUNET, COURS TOURNY, 15.

1886

Monsieur le Rédacteur,

Maintenant que je suis libre et que, par un procédé que je laisserai apprécier à ceux qui voudront bien me faire l'honneur de lire ces lignes, j'ai été considéré comme inutile dans le personnel où, pendant longtemps, mon poste avait été reconnu indispensable, je ne peux rester plus longtemps sous le coup d'un soupçon quelconque, et j'ai pris le parti d'éclairer le public sur toute cette comédie où le vilain rôle n'a été joué que par trois personnages que je n'ai pas besoin de désigner. On a essayé, par un truc nouveau, de mélanger mon nom avec celui du brigadier Dieuaide ; on a voulu me faire passer par la même porte pour qu'on ne se doutât pas de ce qui se passait réellement, et faire croire à un simple tripotage en famille et sans importance, qu'on faisait cesser en renvoyant les brouillons, comme le disait avec tant d'entrain une feuille locale (au *reporter* imberbe). J'ai promis à l'auteur de cette solution à la Verbeck que, sitôt sortis, le public nous jugerait. Je tiens ma promesse, et, pour mieux faciliter l'élaboration de ce jugement, je vais raconter les diverses péripéties de ce drame émouvant, où, contrairement à ceux qui se jouent d'ordinaire, les bons sont punis et les méchants récompensés. Ceci n'est pas un *racontar* sous un manteau de cheminée, ni un conte du Palais-Royal. J'ai entre mes mains les preuves de ce que j'avance, et je mets au défi les divers personnages qui se reconnaîtront dans ce récit (si, comme je le suppose, ils sont loyaux et francs), de m'en donner le démenti.

C'est donc en toute confiance, Monsieur le Rédacteur, que vous pourrez insérer dans vos colonnes ce que je vais avoir l'honneur de vous exposer ; j'en prends d'ailleurs l'entière responsabilité sous la sauvegarde de ma signature.

Je vous prierai de ne pas oublier dans l'impression les mots en lettres italiques ; ils auront leur portée, croyez-le bien.

Daignez agréer, Monsieur le Rédacteur, mes respectueux hommages.

E. DUFRÊNE,

Ex-Secrétaire du commissariat de police à Périgueux.

PREMIÈRE PARTIE.

LE SCANDALE DE L'ALCAZAR

ou LES ÉMOTIONS D'UN MAGISTRAT.

C'était au XIXᵉ siècle et le 29 octobre 1885 de l'ère chrétienne. En ce temps-là vivait à Périgueux (Dordogne) un brigadier de police, Dieuaide.

Or donc, l'alcazar de Périgueux donnait une représentation au bénéfice des sinistrés de Chancelade. Le public était nombreux, et, de même que Néron aimait à se montrer ivre aux yeux de ses sujets terrorisés, certain brigadier de police, tout charmarré dans son uniforme redouté, entra, il était onze heures du soir, trébuchant, bégayant et alcooliquement indisposé, à tel point, qu'au moment où une chanteuse de cet établissement achevait sa chansonnette, son verre se métamorphosa en bouquet odorant, et, sous le coup de cette illusion d'optique, il le lança galamment aux pieds de cette dernière, et cela avec une telle force (il est si vigoureux ; c'est sans doute les Eaux-Bonnes, où la paternelle administration l'envoyait tous les ans avec force recommandations de M. le Maire lui-même et aux frais des contribuables, qui l'ont doué d'un pareil nerᶠ que le bouquet-verre s'émietta comme un biscuit trop sec. Un des éclats égratigna le bras nu de la jeune Diane.

Tolle général, consternation ! silence ! La foule murmure, mais tremble. C'est le redouté brigadier... Chut !!!

Ce dernier se rend compte de son acte, ce fait dissipe

ses vapeurs; il cherche à se disculper. Le chef de l'établissement monte, le *martial* camarade du brigadier lui parle à l'oreille et lui tient ce langage : « Ne cherchez pas plus longtemps, c'est le brigadier qui vient de jeter le verre. » On se retire là-dessus, et les maris, bien bas, bien bas, après avoir tout clos, tout verrouillé, tout barricadé, dans le silence de l'alcôve, après s'être assuré que personne n'écoute aux portes, racontent à leur épouse le scandale de l'Alcazar. Certains ne l'ont pas fait, paraît-il, ne tenant pas à ce que la femme légitime sache les secrets des cabinets particuliers de l'établissement, et, n'écoutant un jour à la porte, n'entende l'écho des paroles amoureuses qui s'y prononcent.

Mais le lendemain, lorsque les premières lueurs de l'Aurore aux doigts de rose eurent dissipé les ténèbres de la nuit, les gens eurent moins peur, on chuchota entre voisins, on répéta de porte en porte le fait scandaleux de la veille. Un agent en tenue, chargé de faire respecter l'ordre et les bonnes mœurs à l'Alcazar et ailleurs, s'était oublié à ce point! Mais la révocation allait être le juste châtiment d'un pareil oubli du respect de l'uniforme! M. le Maire va sûrement révoquer cet agent! Tel était le cri général.

L'agent de service, le barbare, y avait mis de la bonne volonté ; il avait signalé le fait au livre du Rapport, timidement pourtant, « mais l'auteur, disait-il, n'avait pas été recherché par lui, parce qu'ayant vu son brigadier à l'endroit d'où le verre était parti, il avait pensé qu'il ferait l'enquête nécessaire. » Naïf, va ! il ne se doutait pas que Dieuaide était de ceux pour qui *enquête* est un vain mot. Car, somme toute, en effet, pourquoi ce brigadier n'a-t-il pas fait son devoir en cette occasion ? Est-ce par habitude ? ou bien.... ma foi demandez-le lui vous-même, peut-être vous le dira-t-il.

Avant de raconter ce qui va suivre, je dois un peu vous

faire connaître l'estime dont le brigadier en question jouissait auprès du personnel.

Dans le village, qui s'honore de sa naissance, ses concitoyens l'aimaient à tel point qu'ils maudissent actuellement la mesure prise, de crainte de le voir revenir. Les mauvaises langues (et il y en tant) racontent, mais je n'en crois rien, qu'étant militaire, pendant la guerre, ce courageux soldat serait venu dans ses foyers, brûler la poudre destinée aux Prussiens contre d'innocentes pies.

Ses voisins ont regardé, paraît-il, l'influent protecteur qui le fit entrer *in nostro docto Corpore*, comme un libérateur, et tous de dire : *Eh ! merci ! Eh ! mon Dieu !* dans le langage imagé de l'endroit. Demandez, d'ailleurs, à ses plus proches parents, ils vous édifieront sur sa délicatesse en fait de *testament* et sur son amour filial. Il a pleuré huit jours son père mort *en vingt-quatre heures.*

Sitôt revêtu de son uniforme, qu'il s'est chargé de faire respecter, il se promène sur les marchés et sous les halles, où il se fait remarquer par une propreté méticuleuse. Il ne laissait rien traîner, pas même les sacs de *haricots* qu'il plaçait d'une façon tout à fait avantageuse *pour lui.* Ses goûts s'élèvent, il lui faut des bijoux, et certains ont vu briller à son doigt des anneaux d'une certaine valeur, généreux don de quelque victime sauvée. (*Il a la médaille de sauvetage.*)

Un incendie se déclare : il est le premier, une bougie à la main, suivant humblement le locataire de l'immeuble incendié dans ses pérégrinations où il ne courait aucun danger. Soyez rassuré, il a vu retirer par d'autres d'importantes archives qui allaient être la proie des flammes ; cet acte de courage lui a valu ce ruban multicolore dont il pare sa large mais souffreteuse poitrine. Il est vrai qu'en ce temps on n'était jamais à *court* d'expédients. Il est de certains cas où tenir la bougie ennoblit. Certains parcheminés doivent leurs titres nobiliaires à avoir servi de flambeaux aux orgies royales, et dans des temps plus modernes, il a été fortement question d'agricoliser pour son mérite certain édile dans la ville de Malgouverne, qui avait tenu la bougie pendant que son seigneur et maître, à la suite de je ne sais quelles agapes, se sentant indisposé, trônait et pontifiait sur certain siège.

Il brille dans son service par de nombreuses et importantes captures, et en voici le secret dévoilé. Lorsque des mandats d'arrêts parvenaient à certain commissaire de police de l'époque, qui n'était jamais à *court* de pain (son *alter égo*), ce dernier les lui communiquait d'urgence, et le brigadier, fin limier, tachait seul de les trouver. S'il ne réussissait pas, ou que l'on fut sûr que le recherché avait déguerpi, on lançait le *vulgum pecus* des agents, et les deux compères riaient à se tordre des efforts toujours vains de ces derniers. Si, en le lui montrant du doigt, il s'emparait du malheureux, Hosanna ! Noël ! La feuille officielle de la localité, prévenue immédiatement, félicitait chaleureusement le brigadier, la terreur des pick-pokets.

Pourtant, il n'y a pas encore bien longtemps, des faits graves se sont passés à Périgueux ; on a fait appel au flair infaillible de ce dernier, et, comme ma sœur Anne, on n'a encore rien vu venir. Deux enfants jumeaux furent trouvés à la gare dans un sac, nus sur la terre nue, *sus la peyra* ! comme disent les bonnes femmes de l'endroit, morts de froids, les pauvres petits êtres, et le brigadier n'a rien trouvé, paraît-il, puisque l'enquête a été terminée par cette phrase traditionnelle : après recherches infructueuses. Il est probable que le brigadier n'avait pas bien cherché, car on ne perd pas deux enfants nouveau-nés comme on perd une tabatière, et c'est à ceux qui leur avaient *procuré* la vie à leur *procurer* l'existence. Mais passons.

Mais, me direz-vous, d'où vient ce prestige et cette haute considération dont il jouissait auprès de l'administration ? Est-ce parce qu'il s'est trouvé mêlé à certaines histoires amoureuses et cachées de femmes sages et honnêtes avec certains personnages marquants? Est-ce parce qu'il aurait été leur confident? Est-ce parce qu'il n'a pas su trouver les auteurs de l'infanticide de l'Isle (rivière) dont parlait le *Journal-Conseil*, qui en sait long, paraît-il, sur cette affaire? Est-ce parce qu'à l'occasion il sait détourner une piste compromettante? Est-ce parce qu'il n'a pas su trouver les auteurs du vol de chez M. Gérard, notaire? Non, vous êtes tous dans l'erreur. Je vais vous le dire, fermez les yeux, ouvrez la bouche et avalez-moi cette pilule. C'est parce que *c'est un agent électoral influent*. C'est pour cela, qu'en vrai réactionnaire que je suis devenu, paraît-il, j'ai voulu lui nuire et causer sa perte.

Vous ne vous attendiez pas à celle-là, hein! ami lecteur, et pourtant voilà pourquoi votre fille est muette.

Il n'en est pas moins vrai qu'à dater de cette époque, il a pris un certain pied, et, vous le verrez par la suite, son audace s'accroît et ses galons aussi, et il se charge de les rendre redoutables. Demandez-en plutôt des nouvelles à certain négociant de notre ville, ancien conseiller municipal, qui le sauva d'une révocation certaine, et que, pour récompense, il a traîné en police correctionnelle.

Le nouveau commissaire de police — M. Villebrun — lui déplaît — (c'est un honneur pour lui); il entreprend de le faire *sauter* (selon ses expressions); il commence alors une campagne en règle contre lui; il le déprécie auprès de ses chefs dont quelques-uns l'écoutaient avec une certaine complaisance, et cela à tel point que, dans certains faits judiciaires qui ont eu un retentissement dans la presse locale, on le charge, paraît-il, au mépris de la hiérarchie, de certaines ambassades dont il s'est acquitté avec une légèreté d'*étourneau*. Un certain repris de justice, poursuivi pour un vol de poules, s'est enfui dans une localité voisine. On ne sait pourquoi! mais le brigadier *craint* que cet homme ne soit arrêté par d'autres que par lui. Il était même jaloux des gendarmes, puisqu'il piétinait sur leurs... droits. Accompagné d'un agent (comme dit la chanson, *prenez Berthe ou mieux*), il prend le train, sans autorisation de son chef de service ; et les voilà lancés à la poursuite du fugitif, qui, paraît-il (suivant la version du retour), averti à temps de leur arrivée, se sauve dans les bois. La poursuite est ardente, le gibier détale ; les limiers haletants le suivent de près. « On enfonçait dans l'herbe humide jusqu'aux genoux, nous disait, dans un élan de poétique inspiration, le brigadier, a qui Dieu prête son aide !!! Nous allons le saisir. » — Comme le cerf aux abois, il sent sur ses derrières l'haleine brûlante de la meute qui le tient de si près. Mais, tout à coup, comme dans un truc féerique, le voilà disparu, évanoui, éclipsé. — Les deux poursuivants se regardent ébaubis. — « Attends-moi là, dit le brigadier ; je dois péremptoirement savoir ce qu'est devenu ce mauvais garnement ! » A peine l'agent avait-il eu le temps de dire : « Brigadier, vous avez raison ! » que celui-ci, retrouvant ses forces habituelles, se remet à la poursuite du fugitif disparu, avec une tenacité de Peau-Rouge ; mais inutilement, paraît-il, car, au bout d'un temps plus ou moins long, il revint fort pâle ! (*c'est ainsi chez lui, vu la maladie qui a exigé le régime des Eaux-Bonnes, dont nous avons payé les factures, il pâlit beaucoup après les fortes émotions ou les longues courses*) et, s'épongeant le front inondé d'une sueur froide (signe d'anémie), il dit à l'agent qui l'attendait : « C'est fini ! *Je n'ai pu l'atteindre dans la voie qu'il a suivie*; partons ! » Et, sans regarder en arrière, nos deux limiers s'en revinrent, portant bas l'oreille.

Mais ici l'affaire se corse : au bout de quelque temps, le gibier poursuivi fut trouvé *pendu*. — Pendu !!! me direz-vous ! Oui, Messieurs et Mesdames ! Pendu !!! Mystère impénétrable ! — Pour moi, ma conviction est qu'il s'est *suicidé*, et vous devez le croire comme moi ! Si vous regimbez, on vous dira : « Chut ! c'est un mystère ! » Savez-vous pourquoi il s'est pendu ? Les uns me diront : C'est parce que les spectres de ses victimes galli-nacées lui ont, de remords, bourrelé l'âme ! — Non ! — la volaille morte ne pèse que sur l'estomac lorsqu'on en mange trop et non sur la conscience. D'autres, parce qu'il a voulu sauver du déshonneur un nom jusque-là mascotte de toute tache judiciaire. Mais non, ce n'est pas à nous, qui avons *l'œil*, qu'il faut compter cela. Une con-damnation pour ce gaillard-là était un fleuron de plus à sa couronne de récidiviste ; c'était le sixième haut fait à enregistrer au livre d'or de sa légende nobiliaire, et on ne se suicide pas pour sauver l'honneur de son nom, lors-qu'on est un cheval de retour. La devise *potius mori quam fœdari* n'existait pour lui qu'en sens inverse pour les infinitifs.

Donnez-vous votre langue au chat ? Eh bien ! je vais vous le dire, moi. C'est *de désespoir d'avoir pu, en ne se laissant pas arrêter par lui, causer un peu de cha-grin à son cher brigadier, compatriote et ami.* Il y avait similitude dans leurs métiers primitifs, la victime était tailleur et lui...... sabotier.

A la suite de bien d'autres tours d'adresse de ce genre, le brigadier continue avec une force nouvelle. Il propose, un jour, aux agents sous ses ordres (c'était dans le cou-rant de Mars, *le dieu de la guerre*), pour ennuyer le com-missaire de police, de découper des lettres sur des affi-ches de théâtre ou autres et d'en former ces mots : « **Vive le Roy** ! » et de les afficher subrepticement et nocturnement sur les murs des principaux édifices pu-blics, malgré la défense municipale apposée : « Défense de déposer le long de ce mur. » Cette proposition abracada-brante n'eut pas d'écho ! On ne doit maintenant plus s'é-tonner si on a remarqué, à quelques jours de là, peint d'une façon indélébile sur les bancs de Tourny et au Pa-lais de Justice ce vœu royaliste. Et maintenant, comprenez-vous, *Journal-Conseil*, le silence complaisant du journal monarchiste, que vous ne pouviez vous expliquer naguère ? L'enquête, établissant ces faits d'une façon évidente et précise et régulièrement dressée, a été présentée à M. le Maire de Périgueux, le 20 mars (jour où le marronnier des Tuileries exhibait ses premières fleurs) de cette année. C'est peut-être à cause de cela qu'elle n'a pas eu d'*écho* ! Vous croyez que le brigadier, reconnu coupable de ce fait d'excitation à la haine et au mépris de son chef, qui a commencé à pousser les agents les uns contre les autres, fut révoqué ? Non ! non ! et non !!! On répondit à celui qui demandait le juste châtiment d'une pareille conduite : « On verra après les élections ! » Et le brigadier, plus fort que jamais, en guerre ouverte avec son chef de service, donnant l'exemple de l'indiscipline et de la désorganisation dans l'esprit du Personnel, obstacle vivant à la bonne marche du corps, ne fut pas révoqué. Et vous voulez ensuite qu'il le fût pour la bagatelle de l'Alcazar ? Allons donc ! En entrant, dans un état d'indisposition alcoolique, dans cet établissement; en lançant le verre sur la scène au risque de fracasser le crâne à la jeune Diane, il a été dans son rôle, et il a fait encore beaucoup d'honneur à ceux qu'il a bien voulu régaler de ce spectacle écœurant. — Il ne fallait pas faire mentir la chanson : — « Brigadier, répondit le M....., Brigadier ! vous avez raison ! » — Mais continuons.

Des lettres précieuses, déposées sur le bureau de police par Mme Toussaint (rue Limogeanne), d'après ce qu'a déclaré formellement cette dernière, disparaissent comme dans *Barbe-Bleue* : « On n'a jamais su comment ! » Certain billet de banque de cent francs, par un enfant trouvé sur la voie publique et à lui confié, à tort ou à raison, a eu, paraît-il, le même sort. Le brigadier vous dira que c'était *une des cent farces*. Des calomnies circulent et prennent une certaine consistance. On a tant de jaloux dans le commun des mortels ! Comment voulez-vous qu'un brigadier, tout chamarré d'argent comme lui, lui le *pili*-er de l'administration, n'en eût pas.

Certain épicier du coin avait des commis infidèles ; il est victime de vols nombreux et importants ; mais le brigadier (la terreur des filous) n'en peut découvrir les auteurs. Il en poursuit bien un, dont on n'a jamais connu l'existence ; mais, arrivé à Chamiers (je crois), ce dernier se dépouille de son enveloppe matérielle et, frappant le sol du pied, il s'engouffre dans la terre comme un esprit malin (il fallait l'être) et disparaît. Enfin, un jour, dans un moment d'impatience bien légitime, il s'écrie : « Ma foi, je crois que les voleurs sont les volés ! » Parole bien grave, cher et affectionné brigadier, surtout si les murs de certaine maison des bas quartiers pouvaient parler. — Peut-être diraient-ils que certain personnage de votre connaissance n'était pas complètement ignorant sur le sort de ces marchandises disparues, et que si toutes avaient senti le musc ou avaient déteint sur certaines mains, tout le chlore de la pharmacie Peyret n'aurait pas suffi pour le faire disparaître, comme le jour où, répétant la scène d'un des drames les plus émouvants de Sackespeare, vous vous laviez les mains avec tant d'opiniâtreté dans le bureau de police (Macbeth nouveau genre), sans doute pour faire disparaître les traces des meurtres de chiens tués de votre main dans une matinée mémorable, qui suivit la disparition presque quotidienne de certains paquets de correspondances, ce jour-là, contenant, au moins l'un d'eux, une composition colorante très tenace et surtout très compromettante. Je sais que tout cela, et j'en suis certain, n'est, d'après vous, que mensonge et infamie. — Mais on y croit généralement dans le public, et, comme dit Démosthènes, les masses sont toujours disposées à croire plus facilement le mal que le bien...

Et c'est sous l'impression de ces infâmes calomnies

que le personnel, dégoûté, écœuré, humilié d'avoir à obéir à un gradé qu'il dégradait moralement, vînt me trouver et me demanda si l'on ne pourrait pas, par un réactif énergique, faire rejeter au loin ce morceau indigeste.

Le scandale de l'alcazar était de notoriété publique : toute la ville en parlait ; nous étions tous désignés comme un personnel inactif et pourri, bon tout au plus à boire un canon et à nous cacher dans des estaminets, où, pour ma part, celui qui, dans une feuille locale, nous en faisait un crime en général, ne m'a jamais coudoyé. Le tout subissait l'opprobre de la partie. Cette assimilation nous révoltait, et je fus chargé de la glorieuse mais périlleuse mission de démasquer le vrai coupable. Nous espérions tous, il est vrai, que, sans avoir besoin de fouetter la boue de la bauge où se vautrait le solitaire, nous n'aurions qu'à le lancer, et, vu la faute grave commise, une révocation juste et méritée nous aurait débarrassés de cet homme ; on l'aurait abandonné à son sort, et il serait allé, selon l'expression adoptée, se faire pendre ailleurs.

Mais on ne savait pas que des attaches profondes le retenaient, et que cet homme n'était pas *seulement* redoutable pour le public..... Je ne me doutais pas que j'allais commettre un crime de lèse-majesté et soulever *une question d'État,* comme je vais le démontrer dans la deuxième partie de mon premier chapitre, sous le titre distinctif des *Émotions d'un magistrat.*

Je cédais donc aux vœux des agents, et, en l'absence de mon chef, de service à Chancelade, je signalais le fait aux quatre journaux de la localité. Vous pensez, sans doute, qu'étant à court de copie, — les eaux de Glane s'étant taries en route, — les boîtes à sable ayant cessé d'intéresser le public, du moins moralement, — devant être munies prochainement d'appareils étanches et inodores, S. G. de F. (devant se vider comme des vases *nocturnes*), — la variole n'étant qu'un fantôme d'une imagination vagabonde (fantôme bien sinistre et bien hideux qui, quoiqu'on en dise, a laissé de son passage, malheureusement par trop réel, des traces bien terribles dans de nombreuses familles), —ne pouvant plus parler de la suette, et tant d'autres inventions de ce genre, — ils allaient attraper la balle au bond et enfourcher ce nouveau dada. On a bien dit qu'ils l'avaient fait, mais on n'était sans doute pas bien renseigné, car les quatre journaux en question gardèrent un silence prudent. S'attaquer à Dicuaide !!! Brrr ! le froid passe dans les os ! Je dois dire, pour rester dans l'ordre des faits, que j'avais déjà pris à bonne source et sur ordre donné, les renseignements nécessaires, et j'avais acquis régulièrement la certitude du fait et de la culpabilité du brigadier. J'hésitai un moment, je l'avoue, à commencer ainsi les hostilités à l'égard d'un adversaire aussi redoutable, pour qui toutes les ruses et tous les moyens étaient bons pour se débarrasser de ses adversaires, voire même de ses amis.

Si les morts revenaient et pouvaient parler, certain Charles dirait qu'il en cuit quelquefois de dire que l'on a reçu cinquante centimes pour porter, rue Gambetta, au pied du mur du jardin de l'hôtel de Barde, la nuit, une échelle de longueur.

Mes prédécesseurs avaient dû céder le pas. L'un d'eux avait échappé par miracle à une pierre ou tuile intelligemment guidée, préparée d'avance, qui devait l'atteindre, et qui lui aurait sûrement fait au crâne une bosse autrement dangereuse que celle dont la nature l'avait doué. Un autre avait été compromis ouvertement dans son honneur conjugal. Un troisième, accusé, par les insinuations du brigadier, d'escroquerie, dut se retirer devant les vexations dont il fut l'objet. Moi-même, j'étais menacé d'être traîné en cour d'assises pour soustraction d'une somme de trente francs à moi confiée. Il insinue que j'avais fait disparaître pour quatre mille francs de bijoux. Peste ! cher brigadier, lorsqu'on avance des faits de ce genre, vous devez avoir un arsenal de preuves à l'appui (*moi, je ne procède que dans ces conditions*), et vous avez failli à votre devoir ; est-ce par habitude ?..... On n'écoute pas les sentiments de confraternité, et, inexorable comme la justice dont *vous êtes le soutien et ami*, on frappe en aveugle. Vous auriez gagné douze francs pour ma capture, car je ne me serais pas pendu comme un étourneau.

Pourtant je domptais ma frayeur et j'envoyais auxdits journaux la note ci-dessous, signée de ma main :

« Un fait fâcheux s'est produit, dans la soirée du 29 au 30 octobre dernier, dans la salle de l'Alcazar, à Périgueux.

» Un brigadier de police en uniforme (le sieur Dieuaide), pris de boisson, a, au moment où la chanteuse, ayant fini sa chansonnette, s'approchait de la rampe pour recevoir deux bouquets, jeté sur la scène un verre assez épais et avec une violence telle que, dans le choc, il s'est brisé en éclats. Un fragment a atteint la chanteuse au bras droit.

» Cet acte est d'autant plus brutal que si la chanteuse avait fait un pas de plus, le verre projeté l'atteignait au crâne et pouvait la tuer. »

Mais j'avais compté sans la complaisance de ces feuilles à l'égard de l'honnête brigadier. L'une d'elles ne trouve rien de mieux que de communiquer immédiatement la susdite note à son ami ; *c'est une feuille réactionnaire*. Le voilà en campagne : il faut à tout prix que cette note ne soit pas insérée. Il a plusieurs petits moyens, et plus d'une *corde* à son arc, ce cher ami. Dans certain cabinet de rédaction, il amène un de ses amis, et, comme Jacob devant le *buisson* ardent, le directeur se prosterne et promet à cet ami de l'obliger personnellement en gardant le silence. Un autre, ne tenant pas à ce que l'on connaisse sa présence à l'Alcazar, *pour des raisons majeures,* n'en tient aucun compte. A un autre, il raconte que son manteau, électrisé sans doute, a renversé un verre en passant et l'a projeté (Catapulte nouveau) à six mètres de distance, sur la scène. (On voit des choses si bizarres dans ce siècle de progrès scientifique toujours croissant !)

Quant au quatrième, il avait pour principe de n'insérer que des éloges pour le brigadier, et la note en question n'étant pas de cette catégorie fut, *indépendamment* des autres, mise au panier. Ah ! si on avait dû raconter, d'une façon plus ou moins fantaisiste, l'arrestation faramineuse de certains voleurs de chevaux, où ledit brigadier, assis tranquillement devant un plantureux déjeuner, fut prié (à peine, il est vrai, avait-il fait *chabrol*) par un de ses agents en sous-verge de l'aider à arrêter deux individus qu'on leur montra du doigt place Francheville, chez un loueur de voitures connu, en train de proposer la vente de l'animal volé ! Oh ! pour cela, deux heures après, avant même que les inculpés fussent au bureau de police, aucune feuille, sans distinction de couleur, n'aurait manqué à son devoir. Ce fait héroïque, rapporté par le brigadier lui-même, qui eut le soin de reléguer l'agent au second plan, fut appuyé de ces mots : « Nos félicitations au brigadier Dieuaide ! » Il y avait de quoi, en effet. Mais, me direz-vous, c'était peut-être une cruelle raillerie !

Quant à insérer un scandale dans un lieu public, commis par leur benjamin en uniforme, ceci était plus grave, et on pouvait se brûler les doigts à ce petit jeu là. *J'y ai bien laissé mon emploi, moi!* Le brigadier, qui, en fameux agent électoral, connaît son affaire, fait sa petite propagande et raconte à qui veut l'entendre que, lui seul, jouit de l'estime et de la considération de la presse locale (pas dégoûtés, ma foi !), et que, comme il a toujours raison, on n'a pas voulu lui causer le plus petit chagrin, et, de peur que, comme dit Virgile : « *Uno nutu treme-*

2

ficit Olympum, » on a jeté au rebut cette méchante insinuation.

Que faire ? S'avouer vaincu ? Cela n'a jamais été dans mes idées. Vaincu par Dieuaide !!! c'était le comble. Le bâillon ne fut pas appliqué assez hermétiquement, qu'un gémissement ne put filer à travers. Un rédacteur de feuille minuscule, organe des épicemens de la région, passant à proximité, l'entendit et me délivra : il inséra la note. Sans lui, tout rentrait dans l'oubli, et Dieuaide, aujourd'hui major ou inspecteur de police, en récompense de ses bons, loyaux et *discrets* services, préparerait encore quelque bonne fumisterie à son nouveau chef de service. Ce fut l'étincelle sur le baril de poudre, dont l'explosion municipale devait nous pulvériser, nous supprimer.

Le lendemain donc du jour où le *Journal-Conseil* eut inséré ma note, je croyais, dans ma naïveté proverbiale, que l'administration municipale allait s'émouvoir du fait ; qu'on réclamerait à M. le commissaire de police une enquête régulière, et que, devant les preuves évidentes de la culpabilité du brigadier, on l'aurait révoqué. Tout rentrait dans l'ordre, de cette façon, et le Personnel de la police, débarrassé de son entrave, reconnaissant envers son chef, par ses nouveaux efforts et sa conduite exemplaire, aurait démontré qu'un seul homme gênait la bonne entente et la marche régulière du service. Mais non ! elle fut sourde à ce cri, la rumeur de la rue ne monta pas jusqu'au cabinet. Il est probable que l'administration, rêveuse, écoutait en ce moment les inspirations de la nymphe Egerie de Glane, et que, dans cette extase, les clameurs de la population ne parvenaient pas jusqu'à elle. Mais le cri du Conseil (*journal*) avait (flèche acérée) frappé au cœur une autre personne. Elle n'en dormit pas de la nuit.

On vit certain portefeuille, dans la matinée, agité fébrilement sous le bras du personnage en question dans le parcours de la gare au cours Tourny.

Le *Journal-Conseil* est un procureur d'émotions souvent, et je m'en aperçus d'une façon toute particulière.

Je fus mandé dans le bureau de mon chef de service par un ordre impérieux. — J'entre. — Un magistrat était devant moi, pâle, agité.

« Est-ce vous, et de quel droit avez-vous écrit cette note aux journaux ? » me dit-il en brandissant sur ma tête le *Journal-Conseil*.

C'était bref et incisif comme un interrogatoire en règle.

Mais ce n'était plus une plaisanterie, c'était un vrai tribunal. Il fallait réfléchir avant de parler.

Je répondis pourtant, malgré mon effroi : **« Du droit qu'a tout honnête homme de démasquer un autre qui ne l'est pas ! »**

Stupéfaction profonde. Tant d'audace entre-t-elle dans l'âme d'un vulgaire secrétaire !

La foudre est suspendue sur ma tête et le nouveau Neptune, armé de son trident, va prononcer son : *Quos ego !* — Des réparties s'engagent. — Le personnage au portefeuille s'impatiente, il exige que l'on parle sans réticence ; il parle de son devoir qui l'oblige à faire la lumière ; il s'étonne de cette animosité à l'égard de cet honnête brigadier, la terreur des pick-pokets, le protecteur de la veuve et de l'orphelin, — le soutien de la justice. Il veut enfin une plainte écrite et signée de ma main. — Je la formule, et j'accuse officiellement et devant qui de droit le susdit honnête brigadier de s'être approprié certaines choses qui n'étaient pas sa propriété. J'écris ma déclaration que je signe, et le personnage au portefeuille se retire heureux et content, jurant ses grands Dieux que **dans une demi-heure** l'affaire sera en instruction. Il est vrai de dire que, vu la gravité de ma déclaration écrite, appuyée d'une enquête régulière faite au préalable, je demandais l'*urgence* de l'instruction, et le plus grand secret sur cette affaire. Je tenais à ce que le brigadier inculpé ne fut interrogé qu'après que l'on aurait, *dans la journée même*, entendu les déclarations des deux personnes qui m'avaient, *à moi*, soumis le fait, de leur propre et libre volonté. On m'en fit la promesse solennelle. **Dans une demi-heure,** l'affaire sera en instruction, répéta avant de sortir le magistrat ÉMU. Ceci se passait le 9 novembre 85, à onze heures du matin.

Confiant dans une parole si solennellement donnée, je me retrempais dans mes dossiers avec une nouvelle ardeur.

Vous verrez, cher lecteur, que la DEMI-HEURE en caoutchouc s'allongea si indéfiniment, qu'on n'en a plus vu la fin.

Pour ne pas laisser d'ombre possible, ni d'équivoque, je vais vous donner, sous toutes réserves, le résumé de l'affaire que je venais de soumettre à qui de droit et au sujet de laquelle j'avais demandé l'**urgence :**

« Le 6 août 1883, un jeune peintre, le sieur S...., perdit, dans la rue Saint-Front, en face le magasin Briaud, un billet de banque de **cent francs**, qui, le soir, à 4 heures, fut trouvé, près d'un tas d'ordures, par une jeune fille de douze ans revenant de l'école. Celle-ci tourna et retourna le billet, lut la suscription : **cent francs** et crut de son devoir de le porter au bureau de police. Elle y trouva un agent **seul**, assis au bureau. C'était **l'actuel brigadier.** La jeune fille reconnut l'agent Dieuaide ; elle lui remit, dit-elle, le billet en question. Ce dernier, méfiant, palpa, examina le papier soleil, le regarda en travers de la lumière, et, après s'être assuré que ce n'était pas une des **cent farces**, il dit à la jeune fille : « C'est bien, mon enfant, si on ne vient pas le réclamer, on te le rendra ! » L'enfant se retira, joyeuse du devoir accompli. Trois mois après, la mère de la jeune fille, malade, alitée, se plaignait amèrement à cette dernière de la situation précaire dans laquelle elle se trouvait, sans argent et sans pain. La jeune fille s'écria alors : « Pauvre mère, si j'avais su, à l'heure qu'il est, nous aurions une petite réserve qui aurait pu nous être d'un grand secours ! » La mère, intriguée, interrogea l'enfant, la pressa de questions, et elle finit par savoir ce qui s'était passé. Lorsqu'elle fut rétablie, elle se rendit au bureau de police, et, s'adressant au major, elle lui dit que si, dans tous les cas, le billet de banque de cent francs trouvé par sa fille n'était pas réclamé, elle croyait pouvoir compter sur lui pour rentrer en possession de ce dernier ; le major le promit, et, pour s'assurer de la remise dudit billet, il fit de minutieuses recherches sur le livre; mais il n'y en avait pas trace. Le dépositaire du billet avait oublié d'en faire mention. Ici le major posa cette question : « Mais à qui donc votre fille a-t-elle remis le billet trouvé ? » « A Monsieur Dicuaide ! » répondit la pauvre femme, déjà toute tremblante des conséquences de sa démarche. Elle avait entendu parler de l'homme en question, et elle savait que qui s'y frotte s'y pique ! « Allons, dit-elle, si vous ne trouvez rien, ne cherchez plus ; tant pis ! Mais, je vous en supplie, n'en dites rien ! Je ne veux pas que cela me cause du désagrément. » Elle partit sur ces mots, se cacher bien vite dans son modeste réduit dont elle barricada la porte de son mieux ; mais pas assez pour que, dans la journée, un émissaire, dépêché par l'agent Dicuaide, ne vînt demander la petite fille, mandée en toute hâte au bureau du rez-de-chaussée de la mairie. Notre policier avait eu vent de l'affaire ; il fallait payer d'audace : *audaces fortuna juvat*. L'enfant arrive. Il se pose devant, les bras croisés, l'œil plein d'éclairs: « Qui suis-je?... » demande-t-il, en grossissant sa voix. La petite fille le regarde sans s'émouvoir. « Vous êtes Dicuaide, » répondit-elle. La toisant et la foudroyant du regard : — « Tu me connais ! en es-tu bien sûre ? » — « Oui, Monsieur ! » — « C'est-il à moi que tu as remis le billet de banque ? » — « Oui, Monsieur ! répond tranquillement la jeune fille.—(**TABLEAU**). — Cris et grincements de dents de la part de l'interrogateur, qui jure, tempête, montre le poing. L'enfant recule effrayée, et se retire en pleurant. Cette scène eut lieu devant une grande partie du personnel et **en ma présen‑ ce.** Il fallait à tout prix étouffer cette affaire. Notre brigadier, en fureur, accompagné de l'agent Eymard, qu'il amène avec lui, se rue dans la maison, où demeure l'enfant, tombe comme une bombe dans le ménage. La mère, effrayée devant l'attitude hostile du nouvel arrivant, serre sa fille dans ses bras et recule jusqu'au fond de la chambre. Dieuaide s'a‑ vance, terrible comme la justice ; il compte ses pas, et, me‑ naçant, roulant des yeux de grand troisième rôle, il répète ses questions à l'enfant, espérant, par ses poses théâtrales, l'in‑ timider d'avantage et la forcer à se rétracter. Mêmes répon‑ ses énergiques de la part de l'enfant. — **Coup de scène.** — **Notre** acteur change de rôle : il passe au sentiment. Voyant que la menace ne réussit pas, il passe à la plainte. « Siè‑ cle d'ingratitude ! s'écrie-t-il. C'est ainsi que je suis ré‑ compensé des démarches que j'ai faites pour vous et des services que je vous ai rendus, famille sans cœur ! C'était bien la peine de me déplacer pour vous ! Moi qui, lorsque vous avez sollicité un secours à la préfecture, ai daigné m'intéresser à vous ! Moi ! qui, au lieu d'envoyer un vulgaire agent prendre des renseignements, me suis donné la peine de monter trois étages pour m'assurer par moi‑ même de votre situation intéressante ! Moi, enfin, grâce à qui, seul, vous avez obtenu de la paternelle administration dont je suis le m..... messager fidèle et *complaisant*, quel‑ ques subsides, et voilà la récompense de mes services ! » Et, imitant le geste de Cesar (au moment où il allait être frappé par Brutus), il se voila la face de son manteau et se prit à pleurer. Car il a la fibre lacrymale sensible ; demandez plutôt à MM. les conseillers municipaux, dont il n'a cessé d'assiéger la demeure pendant ces jours d'orages. Soyez donc satis‑ faits, dit-il, en essuyant ses joues humides de larmes, vous me ferez révoquer, et peut-être conduire en lieu sûr. Et ma femme et mes enfants ! Nouveau déluge, nouveaux sanglots, et, voulant laisser ses trop sensibles auditeurs sous l'impres‑ sion de cette scène tragique, il se retira, trébuchant à cha‑ que pas, tête baissée, comme écrasé sous l'immensité du désespoir. Pourtant, de même que les acteurs de talent mé‑ nagent leurs effets, en arrivant à la sortie, il se retourna, et, redressant la tête, il dit ces mots : « **Cela ne se passera pas ainsi!** » et il disparut. La mère, affligée, émue, prit alors son enfant dans ses bras et lui dit : « Voyons! ma fille, tu vois la situation pénible dans laquelle nous sommes! La colère de cet homme n'aura pas de limites. Au nom de ce que tu as de plus sacré, dis-moi la vérité! Est-il bien vrai que tu as trouvé ce billet et que tu l'as remis à cet homme? » « Mère! je le jure! Mais, si tu veux, pour qu'il n'arrive rien de fâcheux à cet homme, qui a un enfant comme toi, et qui supporterait le contre-coup de mon attestation, je vais dire que j'ai menti, que c'est une invention de ma part! **Car,** moi aussi, j'ai peur de cet homme! Il m'inspire une terreur profonde. Qui sait de quoi il serait capable s'il lui arrivait de la peine! » Ainsi parla la jeune fille. La mère, en pleurs, l'embrassa tendrement et dit : « C'est bien, ma fille, je te remercie de cette idée qui peut-être pourra calmer le courroux de cet homme, tu apaiseras ainsi mes mortelles inquiétudes. » La mère accompagna la fille **au sacrifice.** Le brigadier en herbe, qui comptait bien sur son coup de scène, attendait, rongeant son frein. L'enfant entre et dit, en se mettant à genoux : « Monsieur, j'ai réfléchi, j'avoue que j'ai menti, et que c'est une invention de ma part, et la découverte du billet et la remise de ce dernier entre vos mains! » Elle rougit en prononçant ce mensonge. Notre agent la relève *tendrement*; un soupir de satisfaction soulève sa large poitrine, et, le front radieux, le sourire aux lèvres, il s'approche de la jeune fille et l'embrasse (il lui devait bien cela), et lui dit : « Cela ne suffit pas, ma fille. il me faut une rétractation pleine et entière, et en face de tout le personnel ; **je veux** qu'il ne reste plus l'ombre d'un doute dans l'esprit des agents; et il ajouta, avec un rictus sardonique, regardant fixement la jeune fille toute émue : « Tâche, une autre fois, de réfléchir à ce que tu diras! » L'enfant et la mère se retirèrent visiblement impressionnées de cette scène. Le brigadier Dieuaide était venu, avait vu et vaincu. Pourtant le dévouement de la jeune fille ne put aller jusqu'au bout : déclarer qu'elle avait menti devant tout un personnel, qui allait peut-être la mépriser, était au-dessus de ses forces. La mère le comprit, et, pour lui éviter une confrontation aussi désagréable, elle écrivit une lettre de rétractation, qu'elle porta le lendemain elle-même au bureau. On avait déjà annoncé à tout le personnel ce qui allait se passer. Tout le monde était sous les armes, comme pour une revue. Lorsque la mère, tremblante, remit la lettre ; on daigna l'accepter, mais on prononça ces mots : « Vous avez bien fait, madame ; si vous n'étiez pas venue, j'allais envoyer mon rapport au Procureur ! »

Notez bien qu'il ne dit pas à mon chef de service, mais bien **au Procureur, sans** même se servir du terme respec-tueux de Monsieur. Pour lui, la hiérarchie n'était qu'un vain mot. Quelque temps après cette scène, l'oncle du jeune peintre, qui avait perdu le billet en question, se trouvant dans un chantier, entendit un des ouvriers qui racontait à ses camarades que, se trouvant dans une auberge de passa-gers, un de ces derniers avait raconté que, venant se faire inscrire au bureau de police, il avait été témoin de la scène ci-dessus narrée et de la confrontation de la jeune fille avec l'agent ; il avait ajouté que l'attitude de l'enfant avait été admirable de sang-froid. L'oncle en question pensa alors à la perte faite par son neveu, et, voulant tirer cette affaire au clair, il se rendit chez la mère de l'enfant qui avait trouvé le billet, et lui demanda de lui raconter ce qui s'était passé. Celle-ci refusa, disant que la terreur que lui inspirait le futur brigadier était si grande, qu'elle lui demandait en grâce de ne pas revenir sur cette affaire, cause de tant de tourments, sans quoi, *même serait-elle appelée à donner son témoignage officiellement*, elle dirait plutôt ne rien savoir.

Je voulus alors m'assurer de ce qu'il en était, et je parvins, en affirmant à ladite mère qu'elle ne courait aucun danger, que l'on saurait la préserver des attaques de son ennemi, à obte-nir son témoignage, que je reçus, devant témoins, de son plein gré et sans aucune obsession ni promesses pécuniaires (*comme on a essayé de l'insinuer*). J'entendis aussi l'enfant dans les mêmes conditions, et, après l'avoir adjuré de parler sans haine et sans crainte, et de me dire la vérité et rien que la vérité (suivant la formule consacrée).

L'oncle du jeune peintre me fit aussi sa délaration régu·lière ; seulement la femme ajouta ces mots dont je garant's l'authenticité : « Au moins que l'agent en question ne sache rien, car il m'**ASSASSINERAIT** ! Elle me raconta alors qu'il était venu quelque temps après la scène de la rétractation, alors qu'elle avait sollicité un secours de la Préfecture, et qu'en entrant (comme le spectre de Banco) il avait dit ces mots : « C'est bien vous qui avez demandé un secours ? » « Oui, avait-elle répondu, et il ajouta alors : « C'est bon ! » et il disparut, comme un mauvais génie, suivant l'expression de la pauvre femme, et le secours ne fut pas accordé. »

C'est pour cela que j'avais demandé l'*urgence* d'instruction et la plus grande discrétion à l'égard du brigadier Dieuaide. Mais je devais avoir pleine et entière satisfaction, puisque l'on m'avait dit officiellement que *dans une demi-heure* ce serait fait.

Nous verrons dans le prochain numéro comment mes recommandations furent suivies et ce qu'il en résulta. Nous donnerons aussi un aperçu du goût prononcé que ledit Brigadier avait, à une date que nous préciserons, témoigné pour certains *sacs de haricots* laissés sous la halle.

Deux jours après ce qui venait de se passer, la même scène se reproduisit. Je ne sais piqué par quelle tarentule, l'homme au portefeuille revient, vers les 9 heures, au bureau de police, pénètre comme une bombe dans le cabinet du commissaire et me fait appeler ; brandissant une enveloppe, il me montre la suscription et me demande si je connaissais cette écriture. Je déclare sur l'honneur ne pas la connaître. On s'emporte : je dois savoir qui l'a tracée ! Nouveaux serments de ma part, nouvelles dénégations. Ahuri ! je demande alors à mon interlocuteur pourquoi il prend tant à cœur la défense d'un simple agent, que lui, mieux que tout autre, connaît à sa juste valeur ? Pourquoi cette malheureuse note insérée par le *Conseil* l'a troublé à ce point ? Comment se fait-il que la simple constatation d'un acte de désordre, commis par un brigadier de police qui ne lui est rien, et sur lequel il n'a rien à voir, le met dans une telle fureur et l'oblige à descendre de son siège pour s'abaisser jusqu'à discuter avec un modeste et humble secrétaire de police ? Quelle affinité existe donc entre lui et le délinquant !

Devant la fureur de mon interlocuteur, je compris toute l'étendue de mon crime et me pris à trembler !

Pendant ce colloque, le brigadier, triomphant, se tenait dans la pièce contiguë et se frottait les mains en riant sous cape. Je ne pus contenir mon indignation et je m'écriais que je saurais bien découvrir la trame de toute cette affaire. J'eus tort, je le confesse, car je devais m'apercevoir plus tard qu'il m'en cuirait. Mon interlocuteur ajouta que cette lettre *(adressée, paraît-il, en haut lieu, et qui, à lui revenue, l'avait mis dans cet état)* était venue renverser tous ses projets. Tout, a-t-il dit, allait être arrangé en famille ; le renvoi de l'agent fautif était décidé en conseil intime ; mais maintenant c'était fini, bien fini, il s'y *opposait* formellement. **Il voulait la lumière.** (*On ne demandait que cela*) et pourtant il s'était écoulé **quarante-huit heures** depuis que la promesse de mettre l'affaire en instruction dans une **demi-heure** m'avait été si formellement faite. Depuis deux jours, le brigadier avait pu voir la mère et l'enfant, et exercer sur leur esprit l'intimidation que je voulais éviter à tout prix. Mon plan avait été déjoué très habilement. Ainsi, comme vous avez pu le voir, la plainte déposée n'avait pas été prise en considération, malgré sa gravité, puisque, pour ne pas y donner suite, on avait combiné en *famille,* disait-on, de se contenter de faire partir l'inculpé.

A la suite de cette orageuse entrevue, je crus que mes jours étaient comptés, et déjà je faisais mes préparatifs de départ pour l'étranger, quand une missive terrible me convoquai en haut lieu ; mais, étant absent, je ne pus me rendre. Heureuse absence ! de quel affreux châtiment m'as-tu peut-être préservé ! Le soir, nouvel ordre de me rendre, avec mon chef de service, au même lieu, à 8 heures et demie du soir. Dans l'intervalle, on prétend qu'une démarche, loin d'être en ma faveur, avait été tentée dans une maison sur Tourny. Qu'en était-il résulté ? Je l'ignore. Mais la discussion avait été orageuse ! Cette démarche n'avait sans doute pas réussi à celui qui l'avait tentée, car, ainsi que vous allez le lire, sa manière de voir s'était modifiée (momentanément du moins) à mon égard.

A l'heure dite, je me rendis. Le cœur me battait bien fort. Je fus très cordialement reçu. On eut tout d'abord l'air de ne pas se souvenir que l'on m'avait fait demander ; puis, sur les excuses que je présentais sur mon attitude du matin, dans un élan de généreuse amitié (qui m'honora, je dois le dire), il me tendit la main, et, la pressant dans les siennes, me tint à peu près ce langage :

« Vous ne pensez pas sans doute que je vous ai fait **l'injure** *de vous mettre en parallèle avec le brigadier Dieunaide ? Vous avez dû vous apercevoir des sentiments d'estime et de considération que je vous ai toujours témoignés. Vous allez arriver au but que vous poursuivez, et vous pourrez compter sur moi ! »*

Puis, se levant et m'accompagnant jusqu'à la porte :

« Méfiez-vous du brigadier ; avec le caractère vif que je vous connais, il pourrait vous susciter quelque mauvaise affaire. Prenez patience huit jours, et je vous donne ma parole que vous serez débarrassé de lui ! »

Je me retirai les larmes aux yeux et tout ému, presqu'autant, ma foi, que celui qui me parlait.

La *demi-heure* promise venait de s'allonger de *quatre cent quatre-vingt de plus.* C'était plus qu'il n'en fallait à notre brigadier pour préparer ses batteries.

Ceci se passait le 12 novembre 1885, à 6 heures du soir.

DEUXIÈME PARTIE.

HUIT JOURS APRÈS

UN ÉTEIGNOIR NOUVEAU MODÈLE

Breveté S. G. D. L....

Pendant ce temps, que faisait notre brigadier? Ah! il se remuait; oui! celui qui l'a accusé de se complaire dans un farniente qu'excusait sa complexion délicate, aurait été convaincu du contraire; il allait, venait, se consultait. Messieurs les édiles de Périgueux ont été littéralement assiégés dans leur demeure. Le cabinet d'un des principaux faillit être submergé par les flots des larmes amères qu'il y versa. En même temps, il commençait contre le commissaire de police une campagne en règle. Un libraire lui vendit je ne sais combien de mains de papier, qu'il remplissait de son écriture déliée; il recrutait des témoignages dans les caboulots, bouchons et autres lieux suspects, où sûrement il devait trouver des amis de sa cause et des alliés. Il entassait dossiers sur dossiers; mais, comme il faut être équitable, ces noires affaires, ces scandales à faire pâlir ceux du *Pall mall Gazette*, se sont fondus dans le même creuset que celles qui le concernaient. J'ignore si je fus pour quelque chose dans ces dénonciations; mais comme jamais on ne m'en a parlé personnellement, ni formulé contre moi ouvertement aucune accusation, je n'avais pas à me défendre (quoiqu'en dise certaine feuille) à l'occasion de faits dont j'ignorais la nature, et au sujet d'accusations dont je ne connaissais pas la teneur.

Pendant que le brigadier préparait ses bonnes petites machinations, espérant, par ses insinuations plus ou moins mensongères, jeter, comme la pieuvre, sa salive noirâtre pour se cacher plus sûrement, les huit jours, au bout desquels on devait débarrasser la police de celui qui gênait son fonctionnement régulier, étaient écoulés ; mais celui qui les avait demandés n'avait pas perdu son temps. La femme au billet de banque, la jeune fille, l'oncle du peintre, avaient été entendus, mais pas hors des regards du brigadier, comme je l'avais sollicité, *mais presque en sa présence*. Une des personnes appelées m'a affirmé que ledit brigadier, se trouvant près de la porte d'entrée, a parlé à la femme *terrifiée* et à l'enfant *tremblant*. Aussi cette dernière a trouvé (sous le coup de l'impression morale produite par cette entrevue) que « c'était un péché ce qu'elle allait faire, » et que (il est, paraît-il, comme des ordinations, des premières communions ultra-temporales), venant de faire sa première communion du 9 au 18 novembre, ce qu'elle m'avait juré sur la foi du serment et signé de sa main devant témoins, était faux. La mère soutint son premier dire. L'oncle du peintre aussi.

Voilà comment il se trouva que le jeune S.... perdit un billet de banque de cent francs et qu'une jeune fille trouva le moyen, trois mois après, de mentir à sa mère ; en disant qu'elle avait, le même jour, deux heures après, sans avoir jamais vu ni connu le possesseur de ce billet, trouvé ce dernier justement à l'endroit où, d'après l'itinéraire suivi par le jeune S.... et le moment où il s'aperçut de sa perte, il avait dû tomber de sa poche. Étrange coïncidence, fatale inspiration pour le brigadier ! pas veinard ! Enfin, il faut croire que la dernière version de la jeune fille fut la vraie, puisque ce fut la seule qui fut entendue. Il est vrai qu'elle était en faveur du brigadier !

Quant à moi, je n'avais plus qu'à dormir sur mes deux oreilles ; ne m'avait-on pas dit que j'avais l'estime, la considération, etc., etc.? Or, donc, le 18 novembre au soir, le 7ᵐᵒ jour de la scène précitée, je lisais le journal près de mon feu dans la quiétude la plus complète, lorsqu'un gendarme, botté, éperonné, revolver au côté, les menottes dans la poche (sans doute), entra chez moi, à 9 heures du soir, et me dit de le suivre, après s'être assuré de mon identité. Il était bien tard ; cette invitation polie, mais inattendue, jeta le trouble et la consternation dans ma famille. On a beau ne pas être le brigadier Dieuaide, la présence de ces protecteurs de l'ordre et de la propriété produit toujours et quand même une certaine impression. Chemin faisant, j'appris que la journée avait été orageuse et que certain brigadier, entendu ou pas entendu, attendait dans une pièce contiguë à celle où j'étais mandé. Un soupçon de méfiance surgit dans mon esprit ; pourtant, pour m'en assurer, je feignis de me tromper de porte et essayai d'ouvrir celle de la pièce désignée. En effet, on ne m'avait pas induit en erreur, elle était fermée à double tour intérieurement. J'étais convaincu, j'avais à me tenir sur mes gardes. — J'étais écouté. — Je lis ma déclaration, au bas de laquelle j'apposai ma signature comme j'avais fait de la première (quoiqu'on ait voulu insinuer que je n'avais voulu rien signer). Seulement, chose bizarre, on insista d'une façon toute particulière, non pas sur les faits touchant ledit brigadier, comme vous pourriez naturellement être portés à le croire, mais *Pourquoi j'avais voulu insérer dans les journaux* **le** *fait de l'Alcazar.* Quant au reste, on glissa rapidement. On me demanda si je savais autre chose sur ledit brigadier ; je savais que tout était entendu, aussi ai-je prudemment répondu : « Je sais bien d'autres choses, mais *pour le moment*, je n'ai plus rien à dire, » et je sortis, non sans jeter un regard vers la porte de communication donnant accès dans la pièce voisine. Une heure et demie après, le brigadier, joyeux et fier, sortait du même lieu, et, ne pouvant retenir l'exubérance de sa gaîté, laissa, l'indiscret, échapper des allusions dénotant qu'il avait tout entendu.

Ce fait me plongea dans un abîme de réflexions ; en effet, le dilemme suivant se présentait à mon esprit : — ou le brigadier avait été entendu, pourquoi le garder dans la pièce voisine ; il n'y avait qu'à lui dire de s'en aller ; — ou il n'avait pas été entendu, ce qui est certain (puisque ce n'est qu'une heure et demie après moi qu'il est sorti), et alors pourquoi le garder dans une pièce attenante d'où l'on savait très bien que tout devait être entendu et qu'il était de toute nécessité qu'il ignorât, pour la recherche impartiale de la vérité, ce dont il allait être question. Pourquoi ?..... Voilà ce que je n'ai jamais pu m'expliquer.

Les huit jours étaient écoulés, et on n'avait pas encore débarrassé la police du trop fameux brigadier. Il est vrai que j'avais comme compensation l'estime et la considération d'un homme qui, tout en ne me faisant pas l'injure de me mettre en parallèle avec le brigadier Dieuaide, me faisait parler de façon à ce que ce dernier ne perde pas un mot de la conversation. Les agents de police furent appelés ; leur appréciation, qui n'était pas du tout en faveur du brigadier martyre, fut connue de ce dernier, à tel point qu'en plein bureau de police, il les traita de *misérables*, parce qu'ils avaient eu l'audace de ne pas solliciter pour lui le prix Monthyon. Des indiscrétions ont été commises. Je déclare hautement que ce n'est pas par moi !

Si j'avais dit, et pour cause, que je ne savais plus rien sur ledit brigadier, c'est que je craignais pour les autres communications le même sort que pour la première. L'éteignoir breveté S. G. D. L. avait trop bien fonctionné, et chat échaudé craint l'eau froide.

J'ai promis à mes lecteurs une petite histoire de haricots. Je vais la leur raconter :

Le 30 avril 1879, trois sacs de haricots furent oubliés sous la halle. Trois mois après, on les cherchait vainement. Celui à qui ils appartenaient crie, tempête et demande ce qu'ils sont devenus. Le placier de l'époque, le sieur Cabroly, dit qu'ils avaient été vendus, mais qu'il ne se rappelait nullement par qui. Cette raison ne suffit pas à notre homme : un agent est appelé ; il rend compte du fait à M. Larieu, alors commissaire de police, et de l'enquête faite il résulte que c'est le brigadier, alors agent, qui, trouvant ces haricots trop durs à cuire, les avaient vendus. Le commissaire de police ne trouve pas cette manière de procéder à son goût et invite l'agent Dieuaide, s'il veut éviter un rapport et peut-être plus, à lui produire une quittance du produit de la vente illicite de ces légumes détonnants, constatant que le propriétaire a été désintéressé.

Savez-vous ce que fait notre honnête agent ? Il fut, tout courant, trouver le placier, et lui demanda s'il pouvait venir témoigner devant le commissaire de police qu'il lui avait versé la somme de 11 fr., produit de la vente de l'objet en litige.

Le placier ne voulut pas consentir à une pareille bassesse. Il fallut s'exécuter : il versa, paraît-il, la somme de 11 francs entre les mains du trop grincheux propriétaire. En un mot, ce n'est que trois mois après la vente de ces sacs, et sur les menaces de M. le commissaire de police de l'époque, et après que le placier n'a pas voulu se rendre complice de sa propreté par trop méticuleuse, que l'honnête agent Dieuaide se décida à rembourser 11 francs, et encore en disant à ce malencontreux réclameur qu'il devait s'estimer très heureux de toucher cette somme (en effet), vu les droits de plaçage qui dépassaient (selon lui), et de beaucoup, le prix de ses haricots pourris.

Nous ferons connaître, dans le prochain numéro, quelles furent les suites, désastreuses pour moi, de cette malheureuse idée que j'avais eue de ne pas reconnaître dans le protégé de l'administration des vertus extra théologales et demandé pour lui la canonisation.

TROISIÈME PARTIE.

LA DEMANDE DE DÉMISSION

OU LE TRUC AMÉRICAIN S, G, D, G.....

La petite feuille des marchands de mélasse continuait toujours son office. L'administration et d'autres restaient dans un silence absolu, malgré les cris de paon de la presse locale, et même de la feuille officielle, qui réclamait des explications immédiates (il est vrai que, depuis, elle a trouvé qu'à la suite de l'enquête sérieuse sur le fameux billet de banque, dont j'ai parlé dans la II° partie, le brigadier était sorti blanc comme neige et que les autres personnages éliminés, qui avaient eu l'audace de ne pas trouver ce fait d'une *excessive délicatesse*, devaient sûrement être frappés des foudres vengeresses). Je disais donc que la susdite feuille minuscule commençait l'énumération des maladresses du brigadier Dieuaide. On jasait déjà beaucoup dans le public de l'infanticide de la rivière de l'Isle, dont on avait narré certain détail intime, jusqu'alors tenu au secret pour le public, mais pas assez, paraît-il, pour le *Conseil*.

Des correspondances suivies furent établies entre certain bureau de rédaction et des personnages habitant l'antique Lutèce. On parlait de défense, de révocations, si la proposition venait à en être faite concernant le brigadier incriminé, et tant d'autres *racontars de cafés, cancans de journaliste à court de copie* ; mais il n'en est pas moins vrai que tous ces bruits sans fondement, toutes ces histoires à dormir debout, tous ces rêves fiévreux d'une imagination malade qui, au dire de Certain édile, devaient s'évanouir au moindre souffle, hantèrent si bien le cerveau de l'édile major, qu'il jugea prudent de déserter son poste de représentant au moment où sa présence était plus qu'indispensable (*on votait les invalidations, et une voix de plus ou de moins pouvait décider de bien des choses !*) Mais qu'importaient les destinées de la France, alors que celles du brigadier compromis étaient en jeu !

Il n'était pourtant pas besoin de se déranger, il n'y avait qu'à donner plein pouvoir au fondé de pouvoir qui expédiait d'habitude les affaires journalières.

Je le croyais ainsi, pauvre naïf, qui ne connaissais pas le revers de la médaille ; car, à l'époque des élections, lorsque les vitres de la salle, où les réactionnaires essayèrent de tenir séance furent, Dieuaidant, brisées par de nombreux projectiles. Un homme dit, dans la rue de la République, en face de l'épicerie Parisienne, le lendemain matin, qu'il ferait justice de la police qui n'avait pas assez fait son devoir. Pourtant, s'il faut en croire les assistants, le brigadier s'était distingué ; c'est une justice à lui rendre, et, dans mon impartialité, je dois en faire mention.

Des mauvaises langues allaient jusqu'à dire que tomates inoffensives et cailloux plus dangereux paraissaient intelligemment dirigés plus particulièrement à l'adresse du commissaire de police. On remarquait, dans la foule, parmi les plus exaltés, certains auteurs de vols au préjudice de la maison Manet et Maumont, au moulin Obier, dit de Barnabé. C'est à eux, paraît-il, que le brigadier adressait, dans le langage guttural du patois périgourdin, ses plus actives exhortations.

A propos des auteurs des vols dont je viens de parler, permettez-moi une petite réflexion, pour éclairer un peu mes lecteurs. Ces auteurs avaient, à la suite d'une instruction poursuivie avec activité par un magistrat dont on vient tout récemment de récompenser le zèle, avoué leurs vols et même fait des révélations importantes, à la suite desquelles on avait cru prudent de les mettre au secret. Cette manière de procéder fut jugée trop imprudente. Le magistrat trop zélé fut remplacé, et l'affaire renvoyée à..... plus tard. La feuille officielle (à l'époque, des cris poussés par le *Conseil*) s'empressa d'insérer dans ses colonnes que l'enquête étant terminée, les auteurs allaient être poursuivis. Mais nous attendons toujours !..... Ce qu'il y a de certain, c'est que ces individus, pour la plupart des repris de justice, même après leurs aveux, leurs révélations et leur mise au secret, furent relâchés, mis en liberté et distribuaient, dans les bas quartiers et sur les places publiques, quelques jours après, des bulletins de votes, criant à qui voulait l'entendre que c'était grâce à de hautes interventions qu'on les avait fait mettre en liberté, — honni soit qui mal y pense ! — et cela sous l'œil vigilant du sympathique brigadier.

Mais après cette digression à notre récit, reprenons-en le cours. Le courroux olympien du futur représentant contre la police au sujet des troubles dont j'ai parlé plus haut, fut calmé, paraît-il, par le résultat des élections.

Des gratifications furent même accordées, et le brigadier toucha une somme supérieure à celle des autres agents. Devant cette nouvelle preuve d'affection, le brigadier reprit une nouvelle et généreuse ardeur. On le vit bien à Chancelade, où, comme il l'a écrit de sa main au livre du rapport : « *Pendant cinq heures de temps, avec un courage* **inouï**, *au prix de* **mille dangers** *et un temps affreux*, » il parvint à retirer une femme de dessous les décombres. (Vous voyez, d'après ce qu'il a écrit lui-même et signé de sa main, qu'à l'occasion il ne pèche pas par un excès de modestie !)

Or donc, M. le Maire de Périgueux, député de la Dordogne, comme ne manque jamais de le dire l'*Avenir*, étant revenu par suite du remue-ménage produit par le *Conseil* (journal,) la ville en liesse, fut persuadée qu'elle allait y voir clair, et que le sujet de tout ce tapage, après le scandale dont il avait été l'auteur, allait être révoqué, et elle comptait pour cela sur l'équitée **connue** de son nouvel élu.

Mais nous verrons que les espérances les plus légiti-mes sont souvent déçues.

La ville propose et le Maire dispose.

QUINZE JOURS APRÈS.

La **demi-heure** promise courait toujours et, véri-table avalanche, s'était tellement grossie, que je recule à calculer le nombre de celles déjà écoulées. L'enquête an-noncée et qu'on avait fait miroiter aux yeux du public se poursuivait avec activité, mais rien n'était prouvé. Le brigadier avait toujours raison. On parlait d'un outrage à la pudeur en wagon, dans un train se dirigeant sur Limo-ges. Mais on avait tellement grossi les choses qu'il n'y avait même pas de quoi fouetter un chat. Le père de la jeune fille compromise ne fut même pas appelé. Enfin, de tous les témoignages recueillis, il était résulté que j'avais fait un abus de pouvoir en essayant de faire pâlir l'au-réole d'innocence et de candeur du protégé de la **mu-nicipalité et d'ailleurs.** On me fit appeler de nouveau en haut lieu, et le magistrat qui m'avait si hautement affirmé son estime et sa considération, me demanda s'il était vrai que j'avais procédé sans son autorisation. J'aurais pu lui répondre que, en supposant que j'aurais agi ainsi, certain brigadier avait fait une enquête sous son patronage contre son chef de service pour des motifs moins honorables que les miens, ce qui autorisait ainsi et donnait un caractère officiel à la calomnie et l'insubordination. J'aimai mieux répondre que je m'expliquerais seulement devant mes juges **avec pièces à l'appui**. J'expliquai pourtant les raisons qui m'avaient forcé à recevoir les déclarations de certaines personnes avec un luxe de précautions que je croyais aussi utile, qu'à tort ou à raison il avait été considéré inutile ailleurs. Je demandai pourquoi, lors de ma première entrevue, le brigadier stationnait dans la pièce voisine d'où l'on pouvait tout entendre. On ne répondit pas à ma question, sans doute déplacée ; mais je devais m'apercevoir que l'on me gardait une poire pour la soif.

Le soir du même jour, on vit mon interrogateur, enveloppé dans son manteau, se glisser, profitant des ombres de la nuit, vers la mairie, où devait se préparer quelque sombre épopée.

La municipalité, par l'organe d'un des principaux édiles, avait déclaré que, si l'état d'ébriété du brigadier était prouvé par témoins, pour donner satisfaction à la clameur publique, on allait le révoquer immédiatement. Nous étions donc, mon chef de service et moi, occupés à recevoir régulièrement les déclarations de quatre témoins, constatant qu'après les libations faites à Chancelade et dans certain hôtel, notre individu **ne trouvait pas le chemin assez large**, d'après les termes employés par ces derniers, lorsque nous fûmes mandés à l'étage au-dessus, l'un après l'autre. Mon tour venu, voici ce qui se passa :

Avant de raconter cette scène, je dois vous dire que

l'enquête sur le fait de l'Alcazar, relatant les témoignages de ceux qui avaient constaté que le protecteur de la ville de Périgueux était on ne peut mieux dans les vignes du Seigneur, fut remise à l'édile qui l'avait demandée. Mais, paraît-il, le brigadier n'était pas ivre-mort, il était simplement malade. Le vin de Chancelade, quoique fort cher, était de mauvaise qualité, et puis les émotions qu'il avait ressenties dans ce triste lieu (car, comme tout le monde sait :

> Mais ce qui fait son succès, ccès, ccès !
> C'est qu'il est sensible ! sensib. b, b, bele !)

l'avaient rendu malade, à ce pauvre cher homme ! Vous n'avez rien de coulant sur les fautes des agents protégés comme les administrations. Ce qui paraît noir au commun des mortels, est d'un rose tendre à ses yeux.

Je fus donc mandé au cabinet municipal. Je pénètre dans la coulisse de ce théâtre nouveau, où allait se jouer une pièce inédite. Certain personnage, qui ne brille pas toujours par une excessive politesse à l'égard des contribuables qui contribuent à lui solder ses solides appointements, me répond, avec une morgue aristocratique de valet de bonne maison, que je suis attendu. J'ouvre une porte, puis une seconde. Un horrible pressentiment m'étreint le cœur. Il y avait de quoi : la mise en scène était lugubre.

Figurez-vous une salle sombre tendue de vert. Au milieu, une table recouverte d'un tapis de même couleur. (J'ai remarqué que c'est la couleur adoptée dans les administrations et les tripots) ; le tout éclairé par une lampe modérateur aux pâles reflets. Dans le fond, dans l'ombre produite par l'abat-jour, enfoui dans un fauteuil, riant dans sa barbe, celui qui m'avait affirmé son estime et sa considération, et ne m'avait pas fait **l'injure** de me mettre en parallèle avec Dieuaide (je le nommerai, dorénavant, le 3ᵉ rôle). Debout, devant la cheminée, le grand premier rôle, ou le personnage influent dont ma malencontreuse idée de m'attaquer au brigadier a nécessité le déplacement.

Pauvre atome, dans quel guêpier étais-je allé me fourrer ! J'avais l'air d'un pauvre roquet que l'on vient de jeter dans une cage à lions.

LE GRAND PREMIER ROLE. — « Monsieur, je viens de Paris, où j'ai eu un entretien avec M. le ministre de l'intérieur, et sous peu vous allez être nommé commissaire de police. Je m'en porte garant ! » (*Exorde par insinuation*).

Je m'incline.

Il continue : « Vous avez bien passé votre examen ? »

MOI (*in petto*). — (Comment se fait-il qu'ayant été au ministère pour s'entretenir de moi, et le ministre lui ayant promis de me nommer à la fin du mois, il ne sache pas si j'ai ou non passé mon examen ?)

(*Réponse à haute voix*). — « Non, monsieur ! »

LE 3ᵉ ROLE (*dans le fauteuil*). — Il y a des examens au mois de janvier.

LE GRAND 1ᵉʳ ROLE. — « J'ai en même temps le regret, vu ce qui vient de se passer, de vous prier de me remettre votre démission ! »

(*Ahurissement de ma part*). Je réponds. — « Eh ! pour quel motif ? »

LE GRAND 1ᵉʳ ROLE. — « Si vous ne voulez pas démissionner, je vous révoquerai. Je veux faire cesser tout cet état de choses ; je veux en finir avec ces dissensions dans le personnel de la police, dont je suis las, à la fin ! »

Réponse. — « Mais qui donc est la cause de ces dis-

» sensions ? Qui a autorisé un subalterne à agir en
» passant par-dessus son chef direct ? »

(*A cette allusion,* LE 5ᵉ ROLE *disparaît dans son fauteuil.*)

MOI, continuant : « Qui a permis à cet agent factieux de
» monter cabale contre son chef ? On vous a remis une en-
» quête à ce sujet le 20 mars, et vous n'en avez fait aucun
» cas. A dater de ce moment, quelle était la situation de mon
» chef de service, étant donné que, dans le personnel
» sous ses ordres, on tolérait un subalterne qui le minait
» ouvertement, le ridiculisait aux yeux des agents et
» poussait ces derniers à la révolte, **sûr de l'im-
» punité !** Comment assurer un service dans de
» pareilles conditions ? et comment pouvait-il ne pas y
» avoir de dissensions ? Il y avait deux puissances en
» présence : celle du chef de service, nommé par le gou-
» vernement, puissance légale, autorisée ; et celle du **pro-
» tégé, du courtisan,** adulé et flatté pour des rai-
» sons que je n'ai pas à approfondir, j'ai dit celle du
» brigadier Dieuaide. Il fallait donc se ranger dans
» l'un ou l'autre camp. Pour moi, il n'y avait pas d'hé-
» sitation, il fallait être du côté légal, celui du chef,
» lorsqu'il agit dans le bien du service dont seul il a la
» responsabilité. Et voilà tout le crime ! crime bien grand,
» vu le châtiment que vous demandez pour le punir !
» Est-ce moi qui me suis enivré, qui ai failli tuer une
» chanteuse avec un verre lancé, qui ai, par suite, causé
» le scandale que vous connaissez ? Est-ce moi qui ai
» commis des indélicatesses sans nombre ? Est-ce moi
» qui ai suscité des ennuis en faisant briser les vitres,
» cours Fénelon ? etc., etc.; et parce que, las enfin de
» supporter l'opprobre de cette réputation, agissant au
» nom d'un personnel que vous pouvez faire appeler et
» interroger, et qui, presque à l'unanimité, vous expri-

» mera le dégoût et la répulsion qu'il éprouve pour un
» tel agent, j'ai cru devoir lever le masque et désigner à
» la vindicte publique le nom de celui que vous ne con-
» naissez que trop ; vous m'en faites un crime de lèse-
» majesté, et il faut que je l'expie par une révocation, si
» je ne vous remets pas ma démission ! Quelles sont donc
» les attaches profondes qui vous lient à cet homme qui
» vous compromet ?

» Eh bien ! je ne veux pas, moi, qu'on associe ce nom
» au mien. Que Dieuaide démissionne, puisque vous avez
» fait courir le bruit qu'il vous avait remis sa démission,
» mais moi, vous me révoquerez ; il ne m'est pas possible
» de me faire à l'idée que cet homme et moi passerons
» par la même porte. »

LE GRAND PREMIER ROLE reste impassible. LE TROI-
SIÈME ROLE disparaît dans le fauteuil et semble dire :
« Chacun son tour ! » en se frottant les mains.

Je me dirige vers la porte après ces paroles. Le grand
1er rôle voulut rendre la péroraison digne de l'exorde et
s'écria : « Donnez votre démission, et je prends sur moi
de vous faire nommer commissaire de police fin janvier ! »

Je demandai à réfléchir et sortis.

Je revins quelques instants après, et, m'adressant de
nouveau au grand 1er rôle :

« Avant de vous arrêter à une décision irrévocable à
mon égard, je vous prie de m'accorder la faveur d'être
entendu en séance du conseil. »

Réponse. — « Le conseil n'a rien à voir dans les déci-
sions de haute administration. Seul, je prends la responsabilité de mes actes, pour si graves qu'ils soient. »

Avant de me retirer, j'ajoutai : « Je tiendrais pourtant
à être entendu, parce que **j'ai sur moi des pièces authentiques et régulières,** dont je
voudrais donner lecture moi-même, et au besoin en

donner communication **sans toutefois m'en dessaisir**, et pour cause. »

LE GRAND 1ᵉʳ ROLE, avec un geste magistral : « Allez ! vous l'aurez voulu ! et surtout ne dites pas que je vous **renvoie !** »

Frappé de cette réponse, qui me pétrifia, je me retournai, et, pour m'assurer que je n'avais pas mal entendu, j'ajoutai :

« Cette logique me surprend. Un homme me dit : « Je ne vous mets pas à la porte, mais je vous prie de sortir, et ce n'est pas la même chose ? Vous ne me parlez que de démission et de révocation, et vous me dites que vous ne me renvoyez pas ? »

La toile se baisse sur ce premier acte.

J'adressais, le lendemain, après mûres réflexions, la lettre ci-dessous à M. le Maire :

Monsieur le Maire,

Des bruits portant atteinte à ma probité et à mon honneur circulent en ville, au sujet de ma mise en demeure de donner ma démission. On dit que M. le Commissaire de police, moi et Dieuaide, sommes compris sur la même liste, et de là on nous soupçonne d'être complices des mêmes crimes. Les faits qui incombent au brigadier Dieuaide sont trop graves et trop infamants pour que je puisse consentir, sans faillir à l'honneur, à voir figurer mon nom à côté du sien. Une démission donnée en compagnie de cet homme semblerait indiquer une promiscuité déshonorante à laquelle il m'est impossible de consentir. Je ne puis donc accéder à votre demande. Je connais trop votre équité et votre justice pour supposer un instant que vous userez de rigueur à mon égard en me privant, par une révocation, de continuer une carrière dans des fonctions que, de votre propre avis, vous savez que j'ai toujours remplies avec zèle et dévouement. Si j'ai signalé à la population périgourdine les agissements du nommé Dieuaide, c'est dans l'unique but de débarrasser le personnel de la police d'un agent qui le déshonorait, et qui, je puis le dire, vous compromettait vous-même.

Daignez agréer, Monsieur le Maire, en attendant une décision de votre part, l'assurance de mes sentiments respectueux.

E. DUFRÈNE.

Et à M. le Préfet, la lettre suivante :

Monsieur le Préfet,

Monsieur le Maire de Périgueux vient de me faire appeler pour me demander ma démission, que j'ai refusé de donner, n'ayant pas de motif pour cela ; il m'a dit alors qu'il me révoquerait.

Je lui ai demandé la raison de cette mesure disciplinaire si rigoureuse. Il m'a répondu que c'était pour en finir avec les dissensions intestines qui divisaient depuis longtemps le personnel de la police. Je lui ai alors dit que, mieux que tout autre, il n'ignorait pas que je n'étais nullement la cause de ces dissensions ; que, depuis plus d'un an, le brigadier Dieuaide s'était placé à l'égard de M. le Commissaire de police en factieux ; qu'il avait même à plusieurs reprises diffamé ce dernier en public, et, parmi les agents. Il avait corrompu certains de ces derniers et les avait poussés, par ses calomnies et ses excitations à mépriser son autorité. Qu'il fallait donc que je me range, ou du côté d'un factieux que le personnel entier de la police avait en répulsion, qui a commis des indélicatesses sans nombre, pour ne pas dire plus, ou du côté de mon chef de service, honnête et probe. On me fait un crime d'avoir osé lever le masque de ce m..... et d'avoir éclairé la population sur ses agissements.

Monsieur le Commissaire de police a entre les mains des enquêtes régulières constatant les infamies de cet agent, et il vous les montrera, à vous, Monsieur le Préfet, dont il connaît l'impartialité.

Si M. le Préfet veut bien juger chacun d'après ses mérites, il peut comprendre que je ne puis me laisser confondre dans une mesure qui accouple mon nom à celui de Dieuaide ! J'aime mieux une révocation honorable qu'une honteuse démission.

Daignez agréer, Monsieur le Préfet, l'assurance de mes respectueux sentiments.

E. DUFRÈNE.

Les journaux avaient crié au scandale : on parlait de femmes violées, d'agents mis en prison, d'enfants nouveau-nés mangés crus dans les dédales des bureaux de police, et mon nom, associé à celui de Dieuaide, circulait de bouche en bouche comme ceux de complices de crimes épouvantables.

C'est pour cela qu'il n'était plus possible de donner ma démission qui, en pareille circonstance, aurait pu être appréciée comme une honteuse retraite pour me soustraire à une enquête compromettante.

Dieuaide avait (disait-on dans certaine feuille) donné sa démission. On ne l'a jamais bien su au juste. Mais ce qui est certain, c'est qu'on ne l'avait pas acceptée parce qu'elle était **conditionnelle**, et il était absolument nécessaire que la mienne fût le corollaire de ce problème municipal si difficile à résoudre. Cet homme, qui avait sans doute des volontés à émettre et des conditions à poser, n'avait accepté de donner sa démission (si toutefois il l'avait fait) que sous la réserve formelle qu'on me forcerait à donner la mienne. Je devais être rivé à la même chaîne, accouplé au même joug. Mon honorabilité aurait servi de contre-poids ; il fallait absolument faire croire au public que, en équitable justicier, M. le Maire avait balayé tous ces brouillons, dont le seul crime était de n'avoir pu s'entendre comme des larrons en foire, à la plus grande gloire de la Mairie de Périgueux. C'est pour cela qu'une mesure générale était nécessaire, et sous ce voile d'emprunt se cachait une vengeance à satisfaire de la part de Dieuaide ; il l'avait exigée. Voici le plan conçu : « On me décidait, par la promesse d'un commissariat, à remettre ma démission, et, une fois remise et acceptée, mon affaire était claire. Dieuaide et moi passions sous les mêmes fourches caudines, mais j'aurais attendu sous l'orme. Le premier, avantageusement placé, muni de certificats officiels de la plus belle eau, riait dans son coin, et le tour était joué, mais on avait compté sans mon entêtement, comme vous allez le voir au IIe acte de la comédie dont vous avez lu le Ier.

IIe ACTE.

(La scène se passe dans le même cabinet, même décor que le précédent. Il est onze heures du matin, deux jours après.)

Je suis seul avec le grand PREMIER ROLE, qui m'interpelle ainsi, sitôt entré : « Eh bien ! vous ne voulez pas **démissionner ?**

Réponse : « Vous l'avez bien vu, puisque vous tenez encore à la main la lettre que je vous ai adressée. »

(*Ici mouvement d'emportement ; on frappe violemment sur la table*) et l'on ajoute en élevant la voix :

« Eh bien vous l'aurez voulu. « Vous êtes *deux entêtés* (quel est le 2° ?) Je ne vous révoquerai pas ; mais que vous vouliez ou pas, vous passerez par la même porte, Dieuaide et vous ; vous sortirez le même jour, à la même heure et de la même façon ! »

Je m'incline respectueusement et je réponds :

« Nous passerons par la même porte, c'est possible, mais le public nous jugera à la sortie ! La distance qui nous séparera sera d'autant plus grande, que vous aurez essayé de la rapprocher.

LE GRAND 1er RÔLE (*avec violence*) : « Toujours de grandes phrases. Mais ne voyez-vous pas que vous faites le jeu des réactionnaires qui vous poussent ? »

Réponse : Permettez, Monsieur, ne mettons pas cette affaire sur un terrain politique, car il en est et il n'en a été nullement question. Libre à vous de considérer le brigadier ou de vouloir le faire passer aux yeux du public comme un chef de parti, martyre des agitations d'un clan ennemi ; mais, pour moi, je ne l'ai jamais regardé ainsi. Je n'ai vu en lui qu'un homme que le personnel de la police dont je fais partie ne pouvait plus tolérer et qui, par ses manœuvres et ses maladresses, est arrivé même à vous compromettre, vous personnellement.

Ici le GRAND PREMIER RÔLE, la tête en arrière, la main dans le gilet (pose Gambetta), s'écrie : « Je suis au-dessus de tout cela ; vous n'aviez pas à vous immiscer dans ces affaires, vous n'aviez qu'à rester tranquille. »

L'entrevue orageuse était terminée et l'incident vidé. Je sortis. Le dénouement se préparait, comme vous le verrez au IIIe acte.

(Dix minutes d'entr'acte.)

III° ACTE.

L'EXÉCUTION. — 4 VICTIMES POUR UNE.

(La scène se passe dans une salle de Conseil. Tous les pers n-nages sont à leur poste.)

La demi-heure courait toujours et la lumière n'était pas faite. Les racontars allaient leur train, et les journaux de la localité s'égosillaient (sauf l'*Avenir*) à réclamer l'enquête. Si c'était pour faire comme pour le billet de banque, ce n'était pas la peine. On sait comment on avait procédé. On parlait de places promises, d'un certain brigadier promenant son uniforme flambant neuf et ses galons étincelants sous la halle aux châtaignes et chez certain négociant de notre ville, où il avait été verser un à-compte, et disant, en frappant sur son portefeuille, dans son langage patois habituel : « On peut m'en donner une bonne place, car j'ai là de quoi faire parler. »

Pendant ce temps, il se mijotait une solution nouveau modèle, S. G. D. G. (traduisez comme vous voudrez), du problème municipal au sujet de la question policière.

Un samedi soir, il faisait très froid. *Nos Patres conscripti* étaient réunis en séance solennelle. On parla de divers projets, de la situation du Budget, une série de demandes, pétitions, lettres, furent lues d'une voix monotone et triste par le Président.

Tempus era quo prima quies mortalibus ægris incipit. Il était onze heures et demie, les conseillers, ennuyés, fatigués, tournaient déjà vers la porte des regards désespérés, réclamant les douceurs du sommeil. C'était le moment de profiter de cette somnolence où l'esprit flotte déjà dans les sphères éthérées du rêve pour passer une proposition scabreuse et éviter des discussions oiseuses, et peut-être compromettantes pour la réussite du projet si soigneusement élaboré et combiné.

Profitant alors de la proposition de liquidation de retraite du major Nadal, le président propose la **SUP-PRESSION D'EMPLOI** de brigadier de police et de brigadier secrétaire. Ce dernier poste surtout était devenu complètement inutile, vu que cet emploi était presque entièrement consacré aux affaires judiciaires du ressort du parquet. (*Le 3ᵉ rôle avait trouvé que je lui étais trop utile.*)

Les conseillers, à demi-endormis, n'entendirent pas, pour la plupart, cette proposition formulée d'une voix très rapide et très basse, et ils allaient opiner du bonnet, lorsque l'un d'eux, qui ne dormait que d'un œil, demanda la parole, qui ne lui fut accordée qu'après avoir avalé une série de nouvelles demandes écrites plus ou moins opiacées. On espérait qu'avec ce surcroît de chloroforme le conseiller regimbeur allait succomber. Mais il résista, paraît-il, car une demi-heure après, lorsque la série fut épuisée, il redemanda la parole — *Vox faucibus hœsit* — lorsque le président la lui accorda. Ce projet, si bien échafaudé, si opiniâtrement poursuivi, allait-il s'écrouler comme un château de cartes sous le souffle de cet intransigeant !

Conseiller indiscret, si en ce moment le président avait eu le don du miracle, sûrement, à l'heure qu'il est, la femme de Loth aurait un mâle en sel dans la salle du conseil. Le Jéovah du cercle radical, qui avait si souvent changé l'eau en vin aux noces électorales, ne fut pas, cette nuit, en verve miraculeuse.

Le conseiller demanda alors, si toutefois sa demande n'était pas indiscrète, s'il était vrai qu'un agent ivre avait été vu dans un établissement public, et, si le fait était exact, pourquoi ne l'avait-on pas révoqué ?

Ici, le Nestor municipal se recueille, et, décochant un regard vers la vieille garde, la majorité, il sembla leur dire : « Attention ! tenez-vous prêts ! vous autres ! » Puis, comme les oracles de Delphes, qui ne s'exprimaient qu'à double sens : « **Administrativement,** je n'ai été informé de rien ! » dit-il. Oh ! puissance des mots, bienheureux **adverbe, tu sauvais la situation.**

C'était une porte de sortie. A la suite de cette phrase, l'apologie de l'ami, du confident Dieuaide (brigadier) était nécessaire aux yeux du public présent dans la salle. Tout ce qu'on avait dit était faux : « racontars, cancans de café, potins d'estaminet, contes du Palais-Royal. » L'imagination fertile du *grand 1ᵉʳ rôle* ne trouvait pas assez d'expressions imagées pour essayer de détruire l'effet désastreux des calomnies lancées par les ennemis de ce cher brigadier.

Pourtant, Seigneur, puisqu'il vous faut un holocauste, nouvel Abraham, voici mon fils. Seulement, je l'assaisonne de deux autres comme compensation, se dit (*in petto*) le major édile, et, pour cela faire, de même que ct patriarche se retira dans un lieu solitaire, il était urgent de renvoyer les oreilles indiscrètes, et les miennes principalement (car j'étais là, prêt à avaler le calice jusqu'à la lie). Il était certaines choses qui pouvaient avoir, aux yeux du public trop impartial, une consistance trop grande : « Allez, populaire, veuillez nous laisser seuls. J'ai besoin de ma liberté entière pour manier un peu mon fidèle conseil, et le préparer doctoralement à avaler la pilule un peu forte que je lui prépare. Au moyen de mon insensibilisateur, je vais achever ce que le sommeil a commencé, et, une fois le sujet endormi, je vais pouvoir opérer **sans douleur.** »

Le conseiller regimbeur, qui prévoit le coup, essaye de se soustraire à l'opération. Mais le président donne un coup d'œil, fait un signe, et ce dernier, garrotté, bâillonné par un vote, est réduit à l'état de momie.

Le public se retire mécontent. Il croyait avoir la lumière et on lui montra l'éteignoir. (Je comprends maintenant pourquoi on ne voulait pas que je sois entendu en présence du conseil.)

Que se passa-t-il dans cette heure lugubre ? Quelle sombre exécution fut accomplie ? Nous en connaîtrons le résultat, mais plus tard. Le conseil des dix était en délibération et la ville anxieuse attendait.

Le lendemain, on faisait répandre dans le public qu'une suppression générale d'emploi, dans un but économique pour le budget, avait été décrétée. **LE TRUC AMÉRICAIN**, S. G. D. G., avait été breveté par un vote, mais il y avait eu carambolage. La maîtresse bille, poussée vivement sur le tapis du billard municipal, avait carambolé la boule rouge, le brigadier secrétaire, et l'autre bille, le sous-brigadier, et la galerie avait applaudi. Pourquoi ce pauvre et bien inoffensif sous-secrétaire avait-il subi le contre-coup de cet effet de quatre bandes ? Voilà ce que les masses ignorent et ignoreront toujours.

La prophétie s'était réalisée, et, bon gré mal gré, le 31 décembre 85, je devais passer par la même porte que mon camarade et ami le brigadier Dieuaide. Il était nécessaire que cela fût ainsi pour l'édification des races futures. (La toile se baisse. On éteint les lumières. La comédie est finie.)

ÉPILOGUE

APOTHÉOSE DU BRIGADIER DIEUAIDE.

Le lendemain, le brigadier martyre, muni d'un sauf-conduit en règle, d'une lettre de recommandation des plus alléchantes signée de M. le Maire, député de la Dordogne, pleurait dans le gilet de son *vieut ami*, et ce dernier, soignant l'âme comme il avait soigné le corps, lui disait, dans un élan d'effusion, comme Hamlet père à son fils : « Souviens-toi, brigadier, mais épargne ton M.... ! » (en variant le texte). Voici pour toi une lettre, à la rédaction de laquelle j'ai mis toute mon âme ; elle te fera sûrement accorder le prix bien légitime de ton dévouement. Garde-la précieusement sur ton cœur, place-la dans ce portefeuille si cher à nous deux. Avec cette cuirasse, mieux trempée que le plus pur acier de Damas, tu seras invulnérable. Va, cher ami ! et avant de nous quitter, reçois de ma part une accolade fraternelle. Dans mes bras, brigadier, sur ma vaste poitrine! **JE TE DOIS TOUT.** Tu as bien mérité du parti dont je t'ai proclamé le vaillant défenseur. (*Ici le brigadier ne peut s'empêcher de rire.*) Va à Paris, où je t'ai déjà préparé les voies. Va, la France a besoin de toi, elle t'appelle ! Cours ! vole !

Le brigadier se met à genoux et baise respectueusement la main de son ami, et se relevant radieux et fier : « Merci, ami, merci ! avec de telles paroles et de tels » papiers (répétant le geste de la halle) je défierai le » monde. Qu'ils y viennent les calomniateurs qui m'ont » sapé dans l'ombre ! La justice, sur qui j'ai toujours » compté, et qui nous soutiendra toujours, nous, les

» justes, les forts, nous, les gens bons, *nous ne serons plus*
» *fumés*; et maintenant à Paris ! A moi, la Capitale et
» ses ressources sans nombre. Ne crains rien, cher ami, on
» saura se souvenir et se taire, et si je vais à **BOR-**
» **DEAUX**, par exemple, ou ailleurs, ton souvenir
» impérissable me suivra et nous parlerons de toi **EN**
» **FAMILLE !** » Ramenant son manteau il sortit
noble et majestueux.

Lorsqu'il eut disparu et que le bruit de ses pas se fut
perdu au loin, l'ami s'affaissa dans son fauteuil et laissa
tomber sa tête entre ses mains. Que d'amertume et de
regrets, mon Dieu ! Ce fidèle serviteur allait donc partir.
Dans quel vide affreux ce départ allait-il laisser cette âme
désolée. Il se leva, et, dans un soupir long et douloureux,
ces mots s'échappèrent de sa bouche : « C'était écrit, il
» le fallait ainsi ! »

En ce moment apparut par une porte à gauche le chef
recouvert d'une calotte toute neuve, le secrétaire intime,
l'*alter ego*, qui, essuyant ses yeux mouillés de larmes, lui
dit : « Du courage, maître, ne faiblissez pas dans cette
œuvre de justice et comptez sur moi ; si l'autre est
absent, ne suis-je pas là, moi, pour qui vous avez tant fait,
moi, qui vous dois tout : fortune, honneur! » Disant cela,
il déposa sur ces mains si chères un baiser respectueux.

Mais laissons ces scènes trop attendrissantes pour revenir au brigadier que Dieu aide. Comment faire pour
voyager le plus commodément et le moins cher possible,
pour ne pas trop ébrécher les subsides municipaux? Vous,
amis lecteurs, et moi, aurions mis communément la main
à la poche et, au guichet des voyageurs, à la gare de Périgueux, aurions pris un billet ! Non ! ceci est trop commun;
et de même qu'à Chancelade on buvait et mangeait aux
frais de l'administration, de même que aux frais de l'administration on se paie des saisons aux Eaux-Bonnes, de
même il faut voyager aux frais de la Compagnie du che-

min de fer de Paris à Orléans. Il avise certain marchand de bestiaux, et parvient à se faire remettre un permis aller et retour de toucheur, profitant d'un convoi de bêtes à cornes ; il jette une blouse sur son uniforme, et à onze heures 55 du soir, le train de Paris emportait Dieudaide et sa fortune, l'appui de la France et un *des espoirs* de Périgueux.

Le lendemain, comme au réveil d'une nuit de fièvre, la ville se réveillait soulagée d'un horrible cauchemar. L'air était plus pur ; les citoyens, frais et dispos, la figure réjouie, s'accostaient et, se serrant la main, se communiquaient l'heureuse nouvelle. **(Le brigadier était parti !)**

On croyait que c'était pour longtemps, et on raconte que, dans certain quartier, on vit briller la nuit certains feux de joie.

Vaine illusion ! trompeuse espérance, malgré l'éclat des galons neufs et de ceux de son képi d'officier de chasseurs à pied, les portes de l'Elysée restèrent impitoyablement closes, malgré le puissant et élogieux autographe de l'ami. Le chéri de la municipalité, l'agent électoral influent, la terreur des pick-pokets, le protecteur de la veuve et de l'orphelin, le confident sûr et fidèle de grands et hauts personnages, le brigadier n'eut pas raison. La sûreté générale de Paris, dont on lui avait préparé soigneusement l'accès, refusa le **pili**-er de la police de Périgueux. Ce fut un malheur dont toute la ville fut consternée. Figurez-vous l'impression ressentie par une personne atteinte d'indigestion qui, une fois soulagée, se voit forcée de ravaler ce qu'elle vient de rejeter. Le brigadier, honteux et confus, revint, et les boulevards de Périgueux revirent scintiller au soleil ses galons redoutés.

Il offrit, paraît-il, ses services à la police d'Angoulême, accompagnés d'un certificat officiel, que l'on a vu et lu, lui décernant les plus pompeux éloges. Mais la démarche était bien indiscrète et c'était juger bien légèrement le maire de cette ville. Est-ce qu'Angoulême n'avait pas des contribuables qui étaient beaucoup plus dignes que le brigadier périgourdin d'occuper le poste sollicité, sans aller chercher ailleurs cette fleur des pois, j'allais dire de **HARICOTS?** Il espérait, me direz-vous, que les **COURTS** souvenirs laissés par le Protégé d'un Proconsul, lui faciliteraient l'entrée et que le Personnel policier angoumois, très flatté de le recevoir, allait l'accueillir à bras ouverts. Mais on a toujours des jaloux, et le brigadier en avait beaucoup, surtout depuis que, considérant le Personnel placé sous ses ordres comme incapable, l'ancien commissaire central de cette ville, son ami, le faisait venir auprès de lui tous les ans sous le prétexte spécieux de préserver la ville de l'atteinte des malfaiteurs. Mais, réellement, à mon avis, pour causer du **PASSE** et des femmes sages dont il cultivait la société.

Bref, l'auréole d'*intelligence*, **PROBITÉ** et **CANDEUR** qui illuminait la tête de notre ami, ne projetait pas de rayons bien étendus, puisque la municipalité angoumoise, malgré le certificat faramineux, ne l'accepta pas.

Pauvre brigadier, pas de chance ! Pourtant,

> L'amitié d'un grand homme se regarda de tout temps,
> Comme un bienfait de Dieu.

Je me prends maintenant à le plaindre dans son malheur (*heureusement qu'il lui reste toujours l'amitié d'une hirondelle dans le* **Buisson**).

Tout à coup une inspiration fournie par l'esprit inventif d'une feuille locale, germe dans sa tête. Il se met en tête de monter un débit de bo'ssons. Prendra-t-il comme enseigne « Au Carabinier? » Mais, n'en déplaise à la feuille inspiratrice, je crains bien que le débitant, s'il a conservé les goûts dont il a fourni des exemples étant encore en fonction et dans certaine rue mal famée avec un ex-industriel de notre ville, et à Chancelade dans certain hôtel en face la gare, et à l'Alcazar, ne se livre à de tels excès sur sa propre marchandise qu'il ne reste plus rien pour le consommateur. Peut-être espère-t-il réaliser les idées que lui ont suscitées les mémoires de M. Claude, dont il était un lecteur assidu et passionné, en mettant dans une salle de son débit un billard à ressort. Il espère ainsi pouvoir faire construire à **la chaux** une maison dans des terrains près de la Rue-Neuve.

C'est la grâce que je lui souhaite, en attendant que la statue promise par le *Journal-Conseil* s'élève.

A ce sujet, voici, à mon avis, le meilleur plan à exécuter. Si d'autres ont des idées plus nouvelles, nous serons heureux de les recevoir en communication. Le champ est ouvert aux conceptions.

Le brigadier, revêtu de son uniforme coulé en bronze, serait placé au fond de Tourny, appuyé contre une échelle, ayant à ses pieds Charles et Etourneau expirants, contemplant d'un œil profond le cours de la rivière de l'Isle, le bras gauche étendu, comme Napoléon à Cherbourg, et désignant le moulin de Sainte-Claire, semblant dire : — C'est là. — Comme socle, des sacs de haricots et de farine avec la suscription : Moulin Barnabé. Si le fondeur veut être exact, il mettra à son doigt une bague pour rappeler la touchante affection qu'avait notre héros pour ce genre de bijou. La main droite sur le cœur semblera dire merci à tous ceux qui, administrativement ou judiciairement, auront travaillé à sa gloire.

Je ne vois pas d'inconvénient à ce que l'exergue indiquée par le *Journal-Conseil* soit gravée sur le piédestal :

A DIEUAIDE, LES VOLEURS RECONNAISSANTS.

Et la demi-heure courait toujours, et l'enquête promise prenait le chemin du **PANIER TUMU-LAIRE**, où dort en paix tout ce qui a trait au Dieuaide vénéré.

————

Le *Journal-Conseil*, comme le Phénix, renaîtra sous peu de ses cendres, je l'espère du moins. Je commencerai alors dans cette nouvelle feuille, si le rédacteur veut bien me le permettre, une série de révélations ou de rapsodies, comme il plaira à l'*Indépendant* (futur organe Dieuaide) de les appeler. Ces dernières auront un caractère plus intime et auront d'autant plus d'attrait qu'elles seront appuyées d'autographes signés et de pièces authentiques.

En attendant que le printemps ait favorisé l'éclosion de cette nouvelle feuille, je mets en vente une brochure contenant le recueil complet de mes Révélations.

Je finis en recommandant à certain reporter imberbe, peu sérieux, de ménager les expressions dont il émaille ses articles concernant ses appréciations sur les rédacteurs du *Conseil*. Qu'il se souvienne bien que, comme il me répugne de passer pour un ogre, je ne le mangerai pas pour cette fois, mais je me servirai d'un martinet qui me sert à corriger les enfants qui ne sont pas sages.

PAR DÉPÊCHE

DERNIÈRE HEURE.

Nous apprenons que le héros de nos révélations vient, au retour de son protecteur, de recevoir le digne prix de son dévouement. Vincennes, près Paris, doit le compter dans sa police municipale. Grand bien lui fasse. Bon voyage ! long retour !

Cela ne nous surprend nullement, nous nous y attendions depuis longtemps.

Décidément, Vincennes est le théâtre des contrastes périgourdins. Les deux héros auront donc leur statue à Périgueux. On n'aura que l'embarras du choix. L'un sera l'emblème du courage et de la vertu, et l'autre..... Concluez.

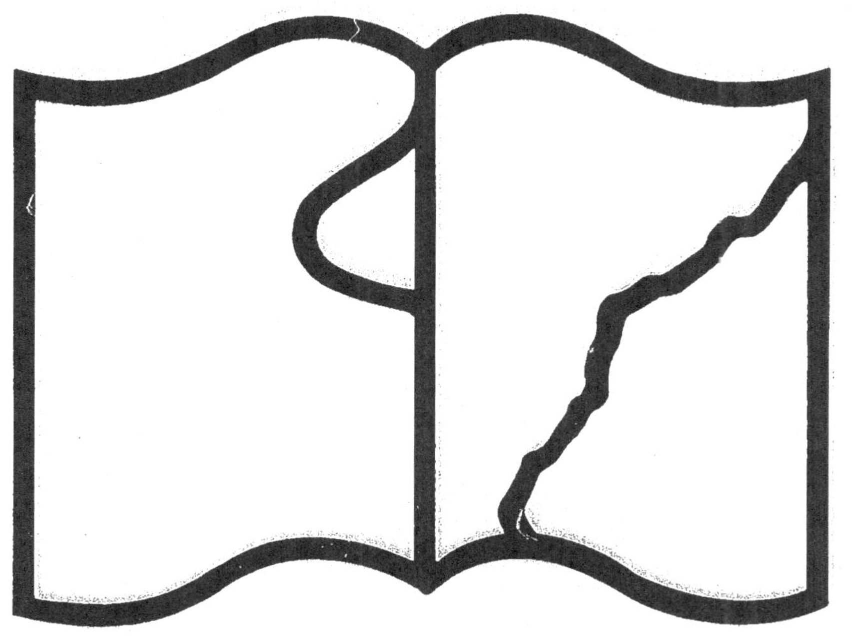

Texte détérioré — reliure défectueuse

NF Z 43-120-11

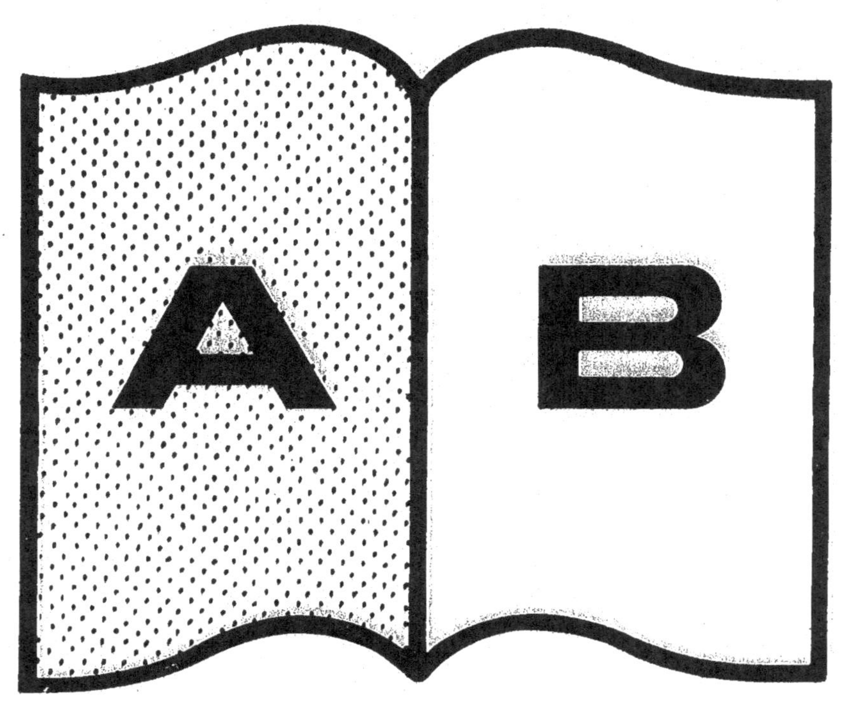

Contraste insuffisant

NF Z 43-120-14

www.ingramcontent.com/pod-product-compliance
Lightning Source LLC
Chambersburg PA
CBHW051256030726
47595CB00003B/1274